智库丛书
Think Tank Series
国家发展与战略丛书
人大国发院智库丛书

# 夯实复苏基础的中国宏观经济

China's Macroeconomy Consolidating the Foundations of Recovery

刘晓光　刘元春　闫　衍　著

中国社会科学出版社

图书在版编目（CIP）数据

夯实复苏基础的中国宏观经济 / 刘晓光，刘元春，闫衍著 . —北京：中国社会科学出版社，2024.7

（国家发展与战略丛书）

ISBN 978 - 7 - 5227 - 3594 - 8

Ⅰ.①夯…　Ⅱ.①刘…②刘…③闫…　Ⅲ.①中国经济—宏观经济—研究　Ⅳ.①F123.16

中国国家版本馆 CIP 数据核字（2024）第 101554 号

| | |
|---|---|
| 出 版 人 | 赵剑英 |
| 责任编辑 | 郭曼曼 |
| 责任校对 | 韩天炜 |
| 责任印制 | 王　超 |

| | |
|---|---|
| 出　　版 | 中国社会科学出版社 |
| 社　　址 | 北京鼓楼西大街甲 158 号 |
| 邮　　编 | 100720 |
| 网　　址 | http://www.csspw.cn |
| 发 行 部 | 010 - 84083685 |
| 门 市 部 | 010 - 84029450 |
| 经　　销 | 新华书店及其他书店 |
| 印　　刷 | 北京明恒达印务有限公司 |
| 装　　订 | 廊坊市广阳区广增装订厂 |
| 版　　次 | 2024 年 7 月第 1 版 |
| 印　　次 | 2024 年 7 月第 1 次印刷 |
| 开　　本 | 710×1000　1/16 |
| 印　　张 | 12 |
| 插　　页 | 2 |
| 字　　数 | 133 千字 |
| 定　　价 | 58.00 元 |

凡购买中国社会科学出版社图书，如有质量问题请与本社营销中心联系调换

电话：010 - 84083683

版权所有　侵权必究

# 前　言

2023年是新冠疫情影响消退与经济秩序归位的一年。中国经济的核心任务是实现宏观经济恢复性增长和微观基础深度修复，进而重返扩张性增长轨道。2023年上半年，在前期积压需求释放、政策性力量支撑和低基数效应的共同作用下，中国宏观经济恢复性增长态势明显，需求收缩、供给冲击、预期转弱三重压力得到不同程度的缓解，呈现出"触底反弹"的运行特征。然而，当前宏观经济的回暖向居民就业和收入状况的传导、向企业绩效状况的传导、向市场信心的传导还存在着明显的时滞和阻碍，"宏观热、微观冷"成为2023年上半年中国经济的另一突出特征。这使对本轮中国经济复苏更为关键的——微观基础的修复和预期的改善，进而实现从恢复性增长向扩张性增长的转变，依然面临巨大挑战。

不同于以往经济周期，在经历了三年疫情管控之后，本轮中国经济复苏需经历三个不同阶段：社会秩序与交易修复阶段、资产负债表修复阶段、常态化扩展阶段，而且在阶段转换上也可能会遭遇阻碍。当前中国经济复苏正处于从第一个阶段向第二个阶段转换的关键期，这既是中国经济复苏的恢复性增长期，也是各种潜在风险显化和矛盾的集中爆发期。2023年上半年，经济复苏的痛点与难点集中表现为"五个20%"，即青年群体调查失业率首次突破20%、工业企业利润总额同比下降20%、地方土地出让收入同比下降20%、房地产新开工面积同比下降20%、消费者信心指数缺口高达20%。这"五个20%"表明相关领域压力已经突破自我修复能力，在宏观调控下集中治理好这"五个20%"，也就牵住了中国经济复苏的牛鼻子。

展望2023年下半年，中国经济有望在上半年实现恢复性增长的基础上，加快微观基础的修复，并不断改善市场预期，进而迈向扩张性增长。支撑中国经济实现扩张性增长的有利因素包括：党的二十大召开和疫情防控调整开启新一轮建设周期；"十四五"规划项目中期将发挥更大的投资拉动效应；宏观政策传导效率提升将更有效发挥稳增长作用；国际原油等大宗商品价格转入下降通道的成本降低效应；中国通胀水平保持低位使货币政策仍具有较大空间；中国与世界经济周期的不同步产生的风险对冲效应。另外，还必须看到，实现向扩张性增长的转变，中国经济还面临诸多短期风险和中长期挑战。2023年下半年中国经济面临的六大短期风险包括：宏观政策力度不足或提前回撤导致复苏进程中断的风险；房地产市场和汽车市场共振造成较大中短期下行压力的风险；地方政府融资平台债务压力上扬的结构性区域性风险；全球经济放缓导致中国出口增速再次回落风险；国际金融市场动荡引发中国资本市场波动风险；俄乌冲突导致国际对立产生强烈的经济外溢效应。中国经济复苏需要应对的四大中长期挑战包括：在复苏过程中解决发展不平衡不充分的矛盾累积问题；在复苏过程中深度修复微观基础和调动市场主体积极性；在开放发展中巩固中国在全球产业链供应链中的地位；在改革开放中解决中国经济存在的深层次扭曲问题。

根据上述定性判断，本书设定系列参数（相关数据截至2023年5月），利用中国人民大学中国宏观经济分析与预测模型——CMAFM模型，对2023年中国经济增长情况做出如下判断。

（1）2023年中国宏观经济呈现"在曲折中前进"的复苏走势，并高度依赖政策取向。在基准情景下，预计2023年第一至第四季度当季同比实际增速分别为4.5%、6.3%、4.5%、5.9%；累计同比实际增速分别为4.5%、5.5%、5.1%、5.3%，即全年增速为5.3%。中国经济将逐步完成宏观经济基本面修复、微观基础修复和预期全面改善三大阶段性任务，从而为中国经济社会长期健康发展奠定扎实的基础。然而考虑到政策敏感性，基于不同的政策取向，2023年经济复苏可能呈现出以下两种不同情景。

第一种情形，在需求驱动情景下，宏观政策定位于着力扩大国内需求，促进消费需求和投资需求的充分释放，预计2023年第一至第四季度当季同比实际增速分别为4.5%、6.3%、5.1%、6.1%；累计同比实际增速分别为4.5%、5.5%、5.3%、5.5%，即全年增速为 5.5%。

第二种情形，在供给依赖情景下，宏观政策定位于稳住国内需求，继续依赖工业和服务业生产驱动经济增长，预计 2023 年第一至第四季度当季同比实际增速分别为 4.5%、6.3%、4.1%、5.1%；累计同比实际增速分别为 4.5%、5.5%、5.0%、5.0%，即全年增速为 5.0%。

（2）在基准情景下，2023 年供需两端实现有效修复。从三大需求来看，预计 2023 年消费增长 8%，投资增长 4.5%，出口下降 4.9%（净出口增长 1.8%），消费成为拉动短期经济增长的主要动力。从三大产业来看，预计 2023 年第三产业增长 6.3%，第二产业增长 4.2%，第一产业增长 3.5%，服务业成为拉动短期经济增长的主要动力。随着供求关系再平衡和国际能源等大宗商品价格回落，2023 年物价水平将趋于平稳下行，预计消费者物价指数（Consumer Price Index，CPI）涨幅保持在 1% 左右，工业生产者物价指数（Producer Price Index，PPI）跌幅扩大至 4% 左右，GDP 平减指数回落至 ±1% 区间。2023 年下半年至 2024 年，中国须确保宏观经济大盘稳定、微观基础加速修复，以全面恢复和提升中国经济的国际竞争力。

基于上述定性判断和数值预测，本书对宏观调控取向和政策空间进行评估，并提出了十三个方面的若干条政策建议。

# 目　　录

第一章　总论 …………………………………………………………（1）

第二章　实现恢复性增长下的 2023 年上半年中国宏观经济
　　　　——当前形势、压力转换与突出问题 …………………（10）
　一　宏观经济实现恢复性增长，三重压力得到
　　　不同程度的缓解 ………………………………………（11）
　二　宏观经济传导存在时滞和阻碍，对微观基础的
　　　修复尚不充分 …………………………………………（32）
　三　小结与政策启示 …………………………………………（48）

第三章　继续夯实复苏基础的 2023 年下半年中国宏观经济
　　　　——基本趋势、短期风险点与中长期挑战 …………（51）
　一　基本趋势研判 ……………………………………………（52）
　二　六大短期风险点 …………………………………………（77）

三　四大中长期挑战……………………………………（117）

第四章　结论与政策建议……………………………………（152）

参考文献………………………………………………………（181）

第一章

# 总　论

2023年是新冠疫情干扰消退、经济秩序归位的一年。在以习近平同志为核心的党中央坚强领导下，中国平稳度过疫情解封期，并稳住了经济大盘。中国经济的核心任务是实现恢复性增长、促进微观基础修复，进而重回扩张性增长轨道。2023年上半年，中国宏观经济呈现出企稳回升态势，并且在低基数效应下实现较高同比增速。但与前期预测分析和各类研究相比，中国经济呈现出以下新现象、新特征和新问题。

（1）在前期积压需求释放、政策性力量支撑以及低基数效应的共同作用下，2023年上半年中国宏观经济恢复性增长态势明显，呈现出"触底反弹"的运行特征，但整体的波动性依然超出了市场预期。

（2）在恢复性增长中，需求收缩、供给冲击、预期转弱三重压力得到不同程度的缓解，主要矛盾发生了结构性转变，表现为需求收缩转变为需求不旺、供给冲击转变为供给竞争、预期转弱转变为预期紊乱，市场主体积极性和经济增长的内生动力依然有待提振。

（3）尽管2023年上半年需求端和供给端都得到了明显改善，但CPI涨幅的回落、PPI跌幅的扩大、GDP平减指数的全面回落都表明，需求端的恢复速度慢于供给端。同时，青年群体失业率的逆势攀升，表明劳动力市场摩擦在进一步加剧，而在出口波动和顺差扩大下，中国在全球产业链供应链地位发生了重大结构性变化。

（4）"宏观热、微观冷"是2023年上半年中国经济运行的另一突出特征。虽然宏观经济回暖，但消费者和企业家信心仍然低迷，制约消费增长潜力和民间投资活力。这也反映了现阶段宏观经济的回暖向居民就业和收入状况的传导、向企业绩效状况的传导、向市场信心和预期的传导还存在着明显的时滞和阻碍。

（5）"社融—M2增速差""M1—M2增速差"持续保持较大的负向缺口，表明投融资需求不旺、市场交易不活跃、活期存款定期化，反映了市场主体对未来的悲观预期，经济景气度较低。"疤疤效应"使中国微观市场主体的行为模式发生了系统性的变化，居民消费、企业投资以及政府支出行为保守化倾向严重。这不仅反映了市场主体对于短期经济复苏形势不足所给出的不乐观的态度，也反映了市场主体对中长期政策调整和战略定位等高度不确定性条件下持非常审慎的态度。

（6）尽管各类数据已经证实，疫情政策优化之后的经济重启效应非常明显，中国经济复苏已经开启，但不同于以往经济周期，在经历了三年疫情管控之后，本轮中国经济复苏需要经历三个阶段。第一个阶段是社会秩序与交易修复阶段，以供给和需求各方面实现恢复性增长为主要特征；第二个阶段是资产负债表修复阶段，以企业利润、居民就业、财政收入全面改善为主要特征；第三个阶段是常态化扩展阶段，以资产负债表扩张速度和经济增长速度重回潜在增速为主要特征。当前，中国经济复苏正处于从第一个阶段向第二个阶段转换的关键期。

（7）不同于以往经济周期，本轮中国经济复苏在阶段转换上也可能遭遇阻碍。过去三年，中国统筹疫情防控与经济社会发展，最大限度地保障了人民生命健康，并稳住了经济大盘，没有爆发经济社会危机或出现经济衰退，但也付出了巨大代价。一是宏观失衡被持续放大，集中表现为消费和服务业发展停滞，经济增长主要依靠工业生产和投资拖行；二是微观基础被严重削弱，集中表现为全社会资产负债表脆弱化，包括居民失业增加、家庭收入下滑、企业绩效恶化、地方财政可持续性下降等；三是外部环境持续恶化，集中表现为高端产业发展受到打压和封锁，中低端产业遭遇竞争和被替代。因此，尽管2023年上半年中国宏观经济实现了恢复性增长，但是微观基础并不扎实，对各类市场主体资产负债表修复尚未充分展开，甚至在下行惯性力量下出现了局部恶化。

（8）2023年既是中国经济复苏的恢复性增长期，也是各类潜在风险的显化和矛盾爆发期。在复苏过程中，2023年上半年中国经济领域出现了一些"乱象"，集中表现为"五个20%"，即青年群体调查失业率首次突破20%、工业企业利润总额同比下降20%、地方政府土地出让收入同比下降20%、房地产新开工面积同比下降20%、消费者信心指数缺口高达20%。这"五个20%"不仅对中国经济复苏进程产生了巨大干扰,而且表明相关领域的压力已经突破自我修复能力,如不及时治理,将会危害中国经济向第二个和第三个阶段复苏的顺利推进。

(9)"五个20%"乱象也充分说明2023年下半年要实现从恢复式增长向扩张式增长的转变依然面临巨大挑战。一是宏观经济的恢复还不充分,总需求相对不足,与长期增长轨道还有较大差距;二是微观基础修复尚未充分展开,各方面预期还较低迷,各方面矛盾开始充分暴露;三是经济复苏的良性循环尚未有效建立,局部领域恶性循环轮番冲击,需要通盘考虑尽快破局。

展望2023年下半年,中国经济有望在上半年实现恢复性增长的基础上,加快微观基础的修复,并不断改善市场预期,进而重返扩张性增长轨道。

(1)诸多有利因素能够支撑中国经济实现扩张性增长。党的二十大召开和疫情防控调整开启新一轮建设周期;"十四五"规划项目中期将发挥更大的投资拉动作用;宏观政策传导效率提升将更有效发挥稳增长作用;国际原油等大宗商品价格转入下降通道的成本降低效应;中国通胀水平保持低位使货币政策仍具有较大空间;中国与世界经济周期的不同步产生的风险对冲效应。

(2)中国宏观经济治理体系逐步找到新的平衡,先前的各种不利因素将得到极大缓和。中国宏观经济治理体系在反思中不断得到改善，各种运动式结构性政策逐渐脱离"层层叠加"与"几碰头"的困境，而房地产政策的调整和汽车政策的刺激也有助于短期内逐步扭转下滑态势。注意到本轮中国经济复苏在微观基础、市场预期、运行模式、外部环境和政策空间等方面发生的系统性变化，中国经济需要而且正在致力于这些方面的改善。

（3）然而本轮中国经济复苏注定道阻且长。一是2022年年底短期经济恶化的态势已经形成，虽然2023年第一、第二季度开始逐步扭转，但目前仍以恢复和维持现状为主，走向资产负债表扩张的意愿和能力不足；二是三年疫情冲击下周期性和结构性问题累积，与疫情之前已经凸显的中长期趋势性问题叠加强化，削弱了中国经济潜在增速，需要一至两年的时间来化解；三是国际政治环境急剧恶化，世界经济持续放缓，存在外需超预期回落的风险，需要更长的时间和更高的智慧进行适应性调整；四是微观基础相对疲弱，悲观预期持续传染并在各种风吹草动中固化，容易落入悲观预期自我实现陷阱，需要宏观经济率先并持续复苏才能从根本上改善。

（4）在复苏过程中，中国宏观经济可能面临六大短期风险点冲击。一是宏观政策力度不足甚至提前回撤导致下半年复苏进程中断的风险；二是房地产市场和汽车市场共振造成较大短期下行压力的风险；三是地方政府和融资平台债务压力上扬导致结构性区域性风险；四是全球经济放缓导致中国出口持续承压的风险；五是国际金融市场动荡加剧引发中国资本市场波动风险；六是俄乌冲突导致国际阵营对立产生强烈经济外溢效应的风险。高频数据也显示中国经济的部分关键指标参数修复动力已经开始减弱。

（5）本轮中国经济复苏要面向解决或缓解四大中长期挑战。一是在复苏过程中解决发展不平衡不充分的矛盾累积问题；二是在复苏过程中全面修复微观基础并充分调动市场主体积极性；三是在开放发展中巩固在全球产业链供应链中的地位；四是在改革开放中解决中国经济面临的深层次扭曲问题。

（6）2023年全球经济进入了高通胀与低增长、高利率与金融动荡相伴的复苏困难期。世界范围内疫情结束促进了全球供应链产业链修复，但新的世界局势动荡和国际阵营对立可能催生出更严重的新的供应链瓶颈约束问题。俄乌冲突的持续加剧、全球通胀的高企、美欧货币政策和对华政策的收紧、国际金融市场的动荡以及全球供应链的持续调整，都给中国经济的外部环境带来了新的不确定性冲击。

2023年宏观经济形势的动态变化不仅要求宏观调控保持政策连续性、稳定性、针对性，而且要求宏观调控更具有前瞻性、灵活性，特别是及时行动的勇气和魄力。

根据上述各种定性判断，本书利用中国人民大学中国宏观经济分析与预测模型——CMAFM模型，设定2023年主要宏观经济政策假设：第一，名义一般公共预算赤字率为3.0%；第二，人民币兑美元平均汇率为7.0。据此预测2023年中国宏观经济核心指标增长情况，结果如表1-1所示。

表 1-1　2019—2022 年及 2023 年中国宏观经济核心指标增长预测

| 指标 | 2019 年 | 2020 年 | 2021 年 | 2022 年 | 2023 年* |
|---|---|---|---|---|---|
| 1. 国内生产总值 | 6.0 | 2.2 | 8.4 | 3.0 | 5.3 |
| 其中：第一产业增加值 | 3.1 | 3.1 | 7.1 | 4.1 | 3.5 |
| 第二产业增加值 | 4.9 | 2.5 | 8.7 | 3.8 | 4.2 |
| 第三产业增加值 | 7.2 | 1.9 | 8.5 | 2.3 | 6.3 |
| 2. 固定资产投资完成额 | 5.4 | 2.9 | 4.9 | 5.1 | 4.5 |
| 社会消费品零售总额 | 8.0 | -3.9 | 12.5 | -0.2 | 8.0 |
| 3. 出口总额（美元计价） | 0.5 | 3.6 | 29.6 | 7.0 | -4.9 |
| 进口总额（美元计价） | -2.7 | -0.6 | 30.1 | 1.0 | -7.1 |
| 贸易盈余（亿美元） | 4211 | 5240 | 6704 | 8770 | 9048 |
| 4. 消费者物价指数 | 2.9 | 2.5 | 0.9 | 2.0 | 1.0 |
| 工业生产者价格指数 | -0.3 | -1.8 | 8.1 | 4.1 | -4.0 |
| GDP 平减指数 | 1.2 | 0.5 | 4.6 | 2.2 | -1.0 |
| 5. 广义货币（M2） | 8.7 | 10.1 | 9.0 | 11.8 | 12.0 |
| 社会融资总额存量 | 10.7 | 13.3 | 10.3 | 9.6 | 10.5 |
| 6. 政府收入 | 6.2 | 0.5 | 8.8 | -6.3 | 7.0 |
| 公共财政收入 | 3.8 | -3.9 | 10.7 | 0.6 | 9.0 |
| 政府性基金收入 | 12.0 | 10.6 | 4.8 | -20.6 | 1.0 |

注：*表示预测值。

（1）2023 年上半年，中国宏观经济实现恢复性增长，"重启效应"使中国经济的需求面和供给面均得到明显改善，特别是消费和服务业增速大幅反弹，有效逆转了 2022 年第四季度的加速下滑态势。2023 年上半年，中国实际 GDP 增长 5.5%，为实现全年预期目标打下坚实基础。2023 年下半年，中国宏观经济将开启经济复苏的第二个阶段，全社会资产负债表有望得到初步修复，从而为从恢复性增长迈向扩张性增长奠定良好基础。考虑到经济恢复进程和低基数效应，预计全年实际GDP增长区间为5.0%—5.5%，基准数值预测为5.3%。

（2）分季度来看，2023年中国宏观经济呈现"在曲折中前进"的复苏走势，高度依赖政策取向。在基准情景下，预计2023年第一至第四季度当季同比实际增速分别为4.5%、6.3%、4.5%、5.9%；累计同比实际增速分别为4.5%、5.5%、5.1%、5.3%，即全年增速为5.3%。中国经济将逐步完成宏观经济基本面修复、微观基础修复和预期全面改善三大阶段性任务，从而为中国经济社会长期健康发展奠定扎实的基础。

（3）在基准情景下，2023年供需两端实现有效修复。从三大需求来看，预计2023年消费增长8%，投资增长4.5%，出口下降4.9%（净出口增长1.8%），消费成为拉动短期经济增长的主要动力。从三大产业来看，预计2023年第三产业增长6.3%，第二产业增长4.2%，第一产业增长3.5%，服务业成为拉动短期经济增长的主要动力。随着供求关系再平衡和国际能源等大宗商品价格回落，2023年物价水平将趋于下行，预计CPI涨幅保持在1%左右，PPI跌幅扩大至4%左右，GDP平减指数回落至±1%区间。

（4）2023年是党的二十大召开之后加快构建新发展格局和经济高质量发展、全面建设社会主义现代化国家的一年。广义货币供应量和社会融资总额的增速将保持平稳，同时维持必要财政支出力度。预计M2增速将稳定在12%左右，社会融资总额存量增速保持在10.5%左右。政府收入在公共财政收入和政府性基金收入企稳回升的作用下恢复增长，预计总收入增速为7%左右，其中，公共财政收入增长9%，政府性基金收入增长1%。

总体来讲,在疫情防控全面放开、宏观经济政策调整、微观市场主体修复以及"十四五"规划项目加快落实等有利因素的作用下,2023年中国宏观经济下行压力得到极大缓解,逐步扭转2022年经济增长乏力、增速回落的势头,各方面增长表现将逐步回归常态。在供给端,受疫情防控严重影响的服务业加快反弹,工业保持平稳增长;在需求端,受抑制的消费和投资需求将得到充分释放。但2023年全球经济增速放缓将导致外需收缩,同时全球产业链供应链修复下供给能力提升,两方面因素叠加,中国出口增速出现明显下滑,但贸易顺差规模仍将保持高位并实现小幅增长。

# 第二章

# 实现恢复性增长下的 2023年上半年中国宏观经济

## ——当前形势、压力转换与突出问题

2023年上半年，中国宏观经济走出三年疫情阴霾，实现了恢复性增长。2022年12月中国全面放开疫情管控、2023年5月世界卫生组织（WHO）宣布新冠疫情不再构成国际关注的突发公共卫生事件，标志着中国宏观经济摆脱了过去三年给中国经济发展和生产生活秩序带来巨大冲击的新冠疫情阴霾。尽管世界经济放缓、乌克兰危机和美欧对华政策收紧等外部不利因素仍在延续，但中国经济复苏进程已经开启，需求收缩、供给冲击、预期转弱三重压力得到不同程度的缓解。然而必须看到，当前宏观经济的回暖向居民就业和收入状况的传导、向企业绩效状况的传导、向市场信心和预期的传导还存在明显的时滞和阻碍，2023年上半年呈现出典型的"宏观热、微观冷"的特征。

## 一 宏观经济实现恢复性增长,三重压力得到不同程度的缓解

**1. 中国经济增速大幅反弹,为实现全年增长目标打下坚实基础**

2023年上半年,在党中央的坚强领导下,中国平稳度过疫情解封期,宏观经济迅速实现了恢复式增长。2023年上半年,中国实际GDP同比增长5.5%,比2022年度增速回升2.5个百分点。分季度看,2023年第一季度增长4.5%,第二季度增长6.3%。随着积压订单和需求释放,经济复苏势头有所放缓,局部下行压力有所加大,考虑到2022年下半年的次低基数,2023年第三、第四季度增速虽然可能回落,但全年增长5%左右的目标预期能够实现。

从产业层面来看,2023年上半年经济增速的回升主要来自第三产业的快速恢复。2023年上半年,第三产业增加值同比增长6.4%,较2022年度增速大幅回升4.1个百分点。在第三产业中,七个主要行业实现不同程度的增速回升:第一,"住宿和餐饮业""批发和零售业""交通运输、仓储及邮政业"分别增长15.5%、6.6%、6.9%,较2022年增速回升17.8、5.7、7.7个百分点,基本摆脱疫情影响,恢复正常增长状态;第二,"房地产业"同比增

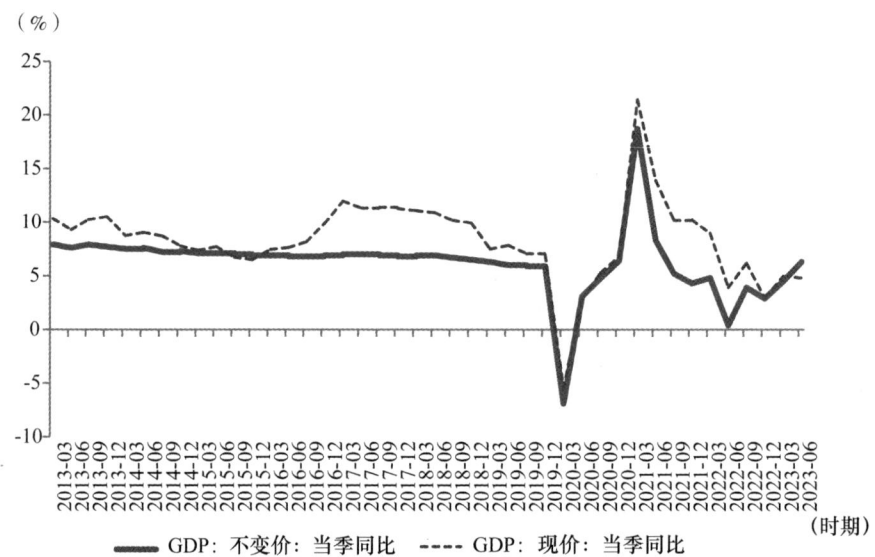

图 2-1 中国实际 GDP 增速走势

长持平,虽然仍未恢复增长,但较 2022 年增速回升 5.1 个百分点,拖累效应明显减轻;第三,"信息传输、软件和信息技术服务业""金融业""租赁和商务服务业"分别增长 12.9%、7.3%、10.1%,较 2022 年增速回升 3.8、1.7、6.7 个百分点,继续保持较快增长。相比之下,2023 年上半年,第二产业增长 4.3%,其中工业增加值增长 3.7%,第一产业增长 3.7%,其中农林牧渔业增长 3.9%,保持基本平稳。

第二章 实现恢复性增长下的 2023 年上半年中国宏观经济 13

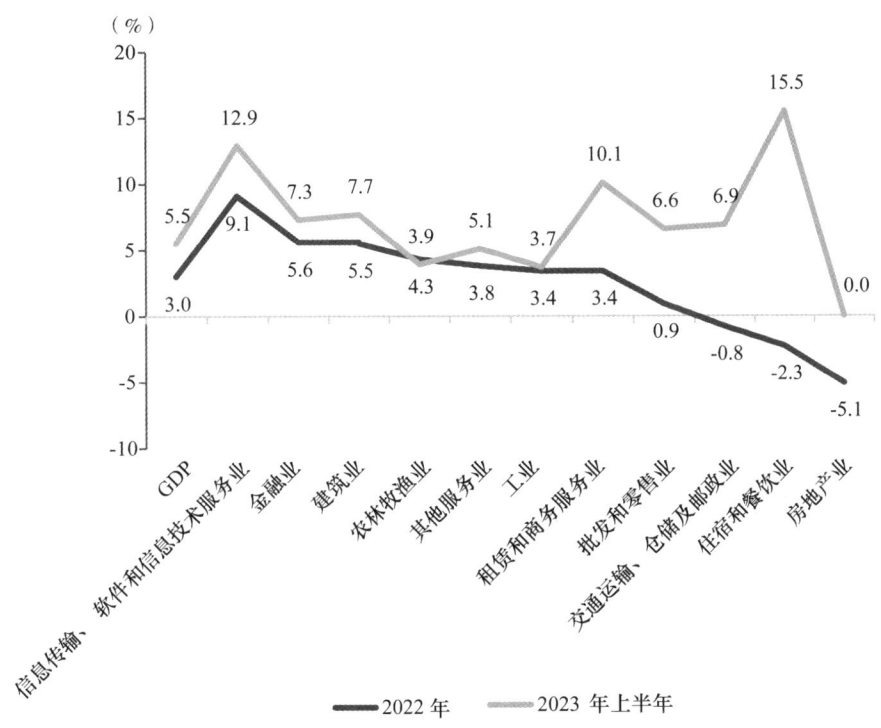

**图 2-2 主要行业增加值实现恢复性增长**

2. 需求收缩压力总体好转，三大需求较 2022 年第四季度明显改善

第一，解除疫情管控促进了消费需求的释放，消费实现恢复性增长。2023 年 1—6 月，社会消费品零售总额名义同比增长 8.2%，由负转正，较 2022 年全年增速大幅提升 8.4 个百分点。其中，2023 年 3—5 月当月实现两位数增长，同比增速分别达到 10.6%、18.4%、12.7%。不过，从季调环比增速来看，2023 年 3—5 月消费环比增速

仅为0.3%、0.2%、0.4%，说明消费增长动力已经边际减弱；从两年平均增速来看，2023年1—5月消费两年平均增长3.8%，仍然属于弱复苏；从2023年6月消费增长情况看，当月同比增长3.1%，两年平均增长3.1%，说明消费增速水平停留在低迷状态。

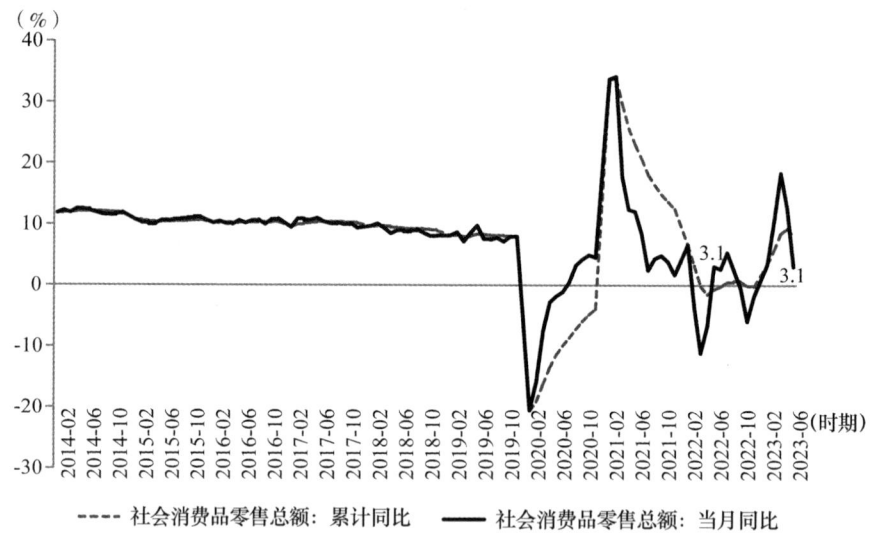

图2-3　社会消费品零售总额出现恢复性增长

从消费细分领域来看，2023年上半年，大多数消费项目出现改善，增速或由负转正或跌幅缩小。回顾2022年，受疫情防控和房地产衰退两大因素影响，消费下滑也主要集中在这两大领域：一是受疫情防控直接影响的"吃、穿、行"及周边消费，除了餐饮类，还包括服装鞋帽针纺织品类、化妆品类、金银珠宝类、烟酒类等；二是与房地产市场交易相关的"住"及周边消费，包括家具类、建筑及装潢材料类、家用电器和音像器材类等。2023年以来，随着疫情管控的解除，第一类消费领域增速基本实现由负转正，而且反弹幅度较大；随着房地产市场筑底，第二类消费领域的跌幅也有所缩小，部分消费实现由负转正。

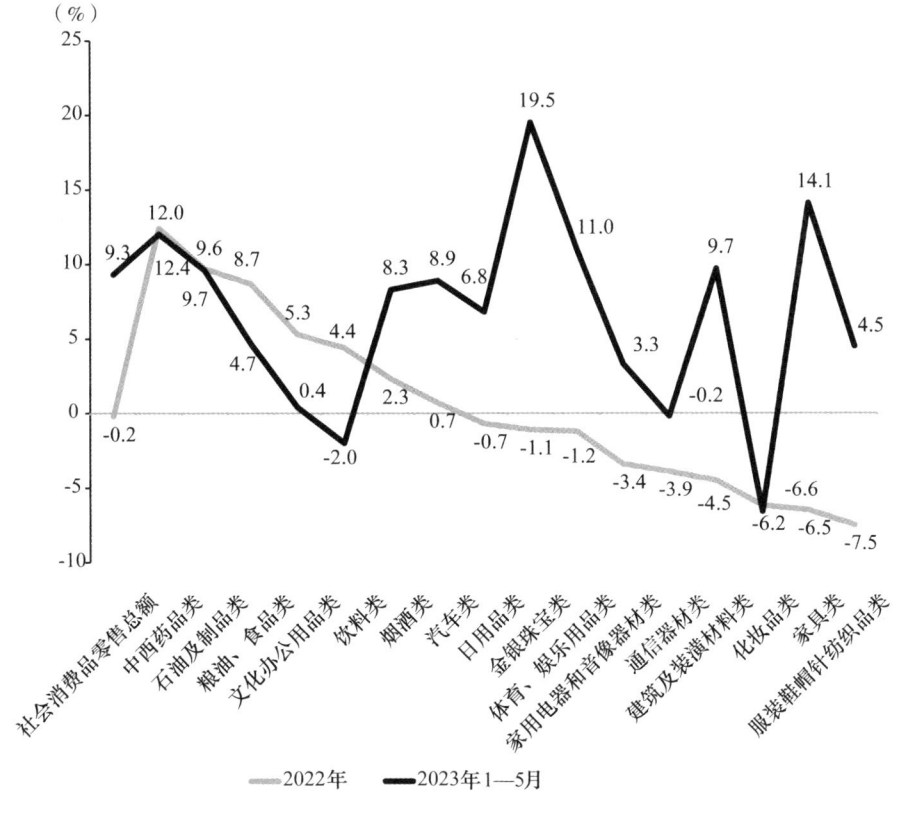

**图 2-4　社会消费品零售总额出现恢复性增长**

第二，在投资方面，在基础设施建设投资保持高位和房地产开发投资跌幅缩小的共同支撑下，固定资产投资增速较 2022 年第四季度企稳、较 2022 年全年回落。2023 年 1—6 月，基础设施建设投资同比增长 10.7%，仍保持高位；房地产开发投资同比下降 7.9%，较 2022

年全年跌幅缩小2.1个百分点，较2022年第四季度跌幅缩小约10个百分点。在上述两大力量的共同作用下，2023年1—6月，固定资产投资同比增长3.8%，较2022年全年增速回落1.3个百分点，较2022年第四季度增速回升1.2个百分点。从边际增长动力来看，进入2023年第二季度以来，投资增速持续放缓，上半年增速较第一季度增速回落1.3个百分点；从前瞻性指标来看，2023年1—6月新开工项目计划总投资额累计同比下降10.2%，房地产新开工面积累计同比下降24.3%，这预示着2023年下半年至2024年的投资下行压力将进一步加大。

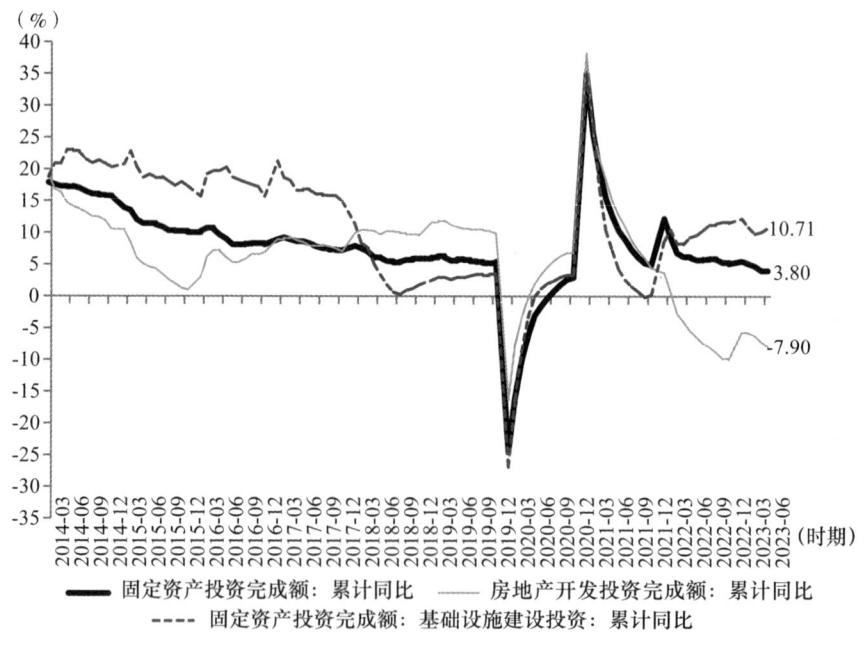

图2-5 中国固定资产投资增速变化趋势

第二章　实现恢复性增长下的2023年上半年中国宏观经济　17

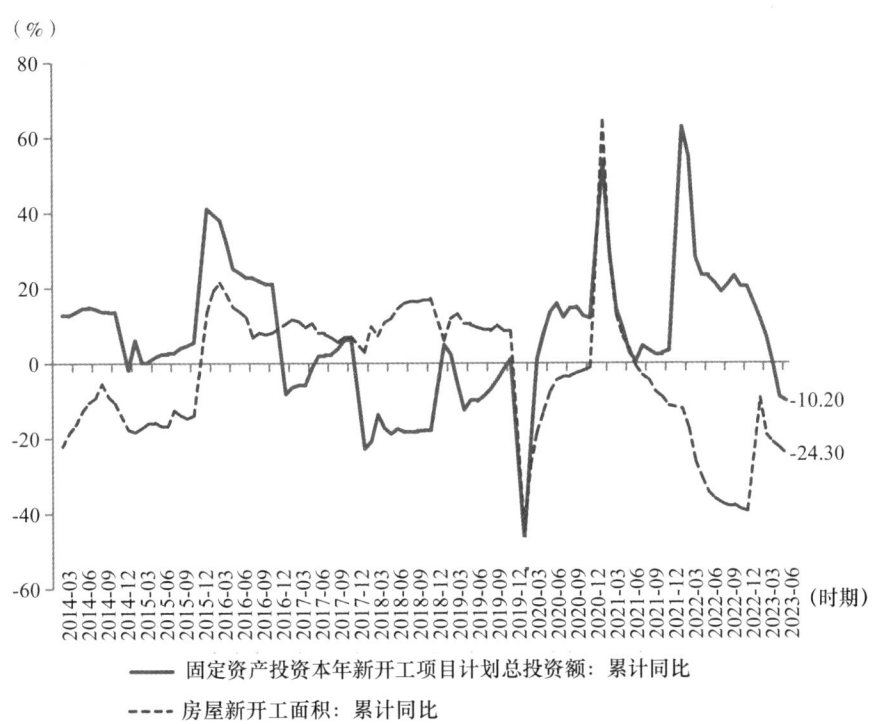

**图 2-6　中国固定资产投资增速变化趋势**

第三，在出口市场多样化调整以及世界经济下滑节奏缓和的支撑下，出口波动加剧。以人民币计价，2023 年上半年，中国出口同比增长 3.7%，进口下降 0.1%，贸易顺差 2.82 万亿元，扩大 17.3%；以美元计价，2023 年上半年，中国出口同比下降 3.2%，进口下降 6.7%，贸易顺差 4090 亿美元，扩大 9.6%。分单月来看，3 月、4 月出口实现高速增长，分别达到 19.7%、15.6%，但 5 月以来急速下滑，5 月、6 月同比分别下降 0.4%、8.4%；以美元计价，3 月、4 月分别增长 11.4%、7.3%，但 5 月、6 月同比分别下降7.1%、12.4%。在本轮出口调整中，中国出口市场的结构发生了重大变化，对美国、欧盟、日本等发达经济体市场的出口份额相对下降，对东盟、共建"一带一路"合作国家出口份额相对上升，这可能对出口企业利润和贸易质量产生额外影响。值得注意的是，2023年5月以来，中国不仅对美国、欧盟、日本等出口下降，对东盟出口也出现了较大幅度下降。这意味着下阶段中国出口下行压力或全面加大。

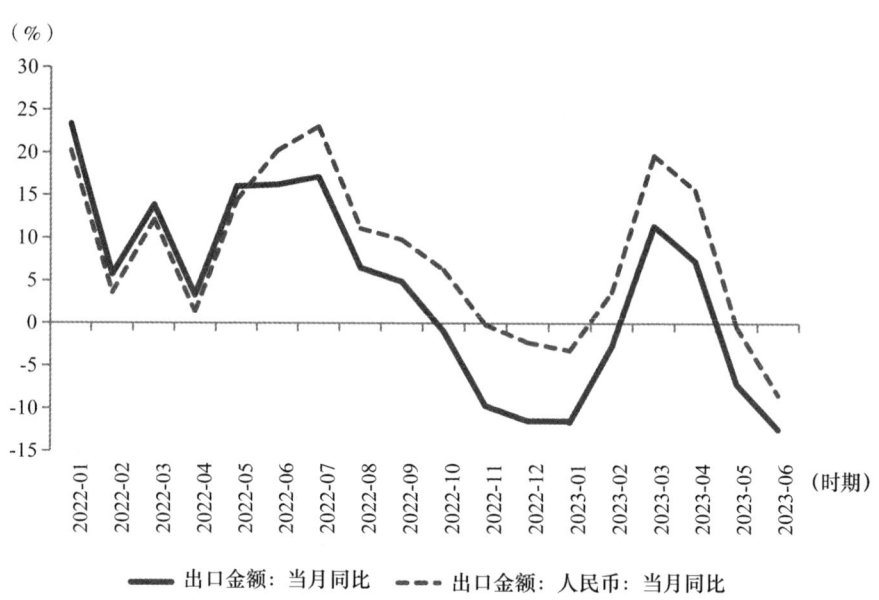

图2-7 中国出口增速变化趋势

第二章 实现恢复性增长下的2023年上半年中国宏观经济 | 19

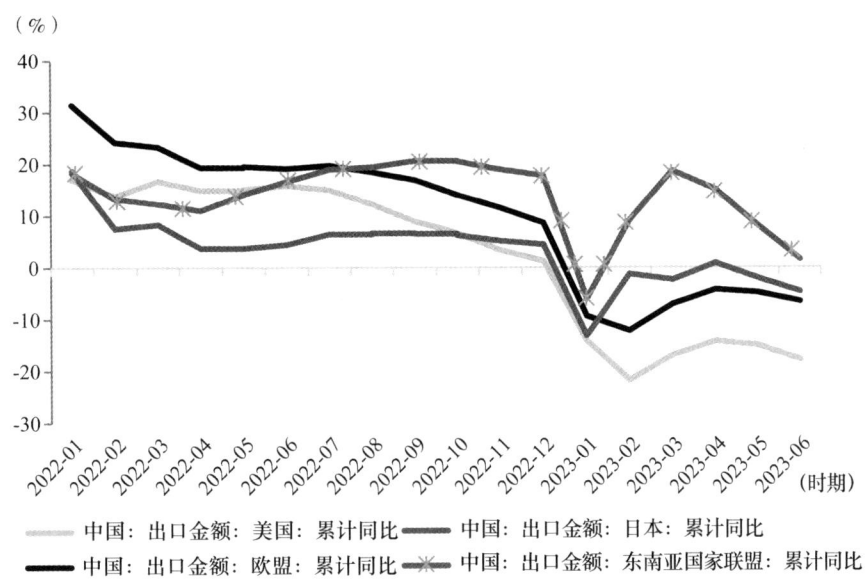

图2-8 中国对主要市场出口增速变化趋势

3. 供给冲击压力逐步消散，服务业生产大幅改善，工业生产成本下降

第一，服务业生产全面反弹。2023年1—6月，服务业生产指数累计同比增长8.7%，不仅实现由负转正，而且比2022年增速大幅回升8.8个百分点。分月来看，4—6月服务业生产指数实现较快增长，当月同比分别增长9.2%、13.5%、11.7%，比1—3月分别提升3.7、8.0、6.2个百分点。从两年平均增速来看，上半年服务业生产指数两年平均增长4%左右，仍然属于弱复苏。

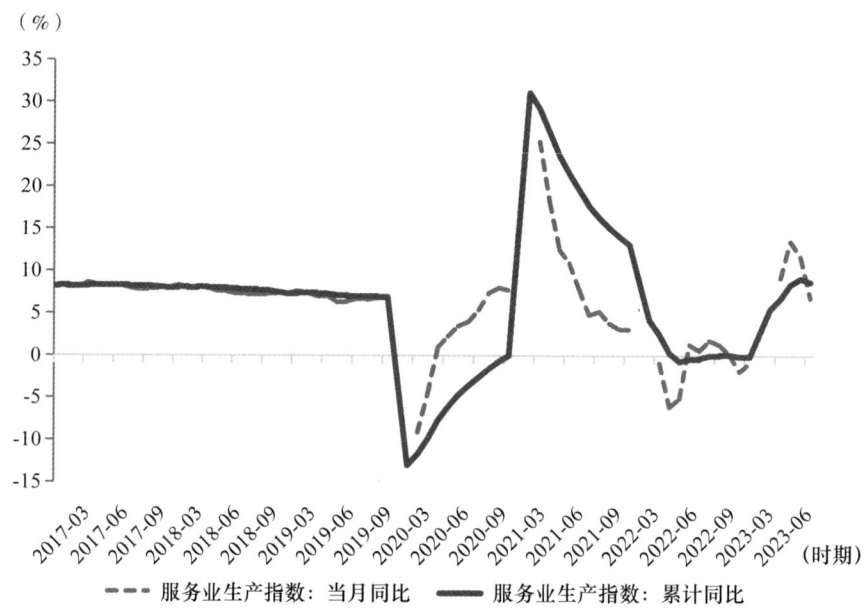

图 2-9 服务业生产指数强劲反弹

第二，工业生产保持平稳。2023 年 1—6 月，规模以上工业增加值累计同比增长 3.8%，比 2022 年增速回升 0.2 个百分点。其中，制造业增加值累计同比增长 4.2%，比 2022 年增速回升 1.2 个百分点。分月来看，3—5 月工业增加值同比分别增长 3.9%、5.6%、3.5%，较 2022 年 11 月—2023 年 1 月有所回升，逆转了 2022 年第四季度开始的加速下滑态势。

第三，国际原油等大宗商品价格由上升通道转入下降通道。2022 年，受俄乌冲突爆发等因素影响，国际原油等大宗商品价格经历了一轮大幅增长，布伦特原油现货价由年初的约 80 美元/桶上涨至年中最

第二章 实现恢复性增长下的 2023 年上半年中国宏观经济 | **21**

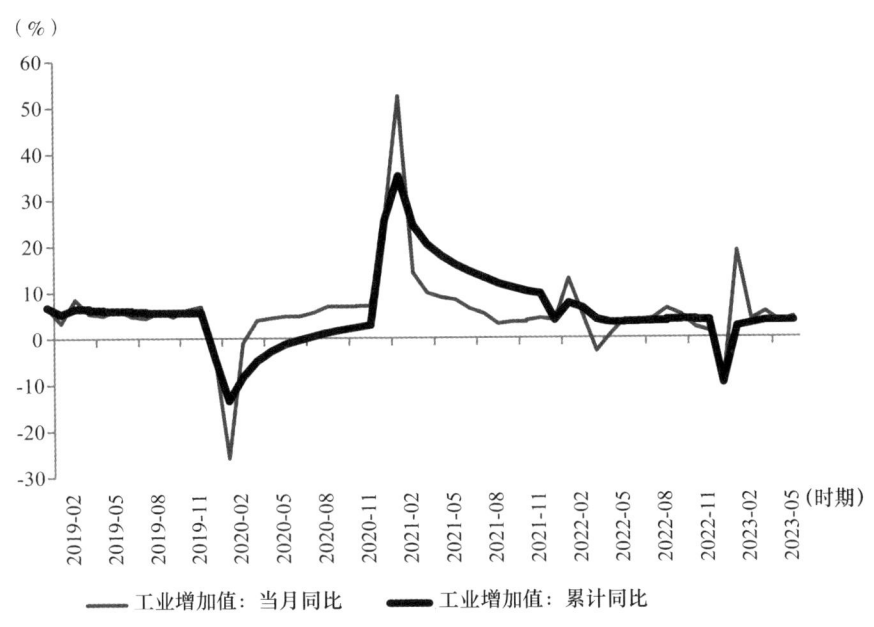

**图 2-10 工业增加值增速稳中有升**

高水平时超过 120 美元/桶；根据国际货币基金组织（IMF）报告，2022 年国际原油价格上涨了 39.2%，非能源价格上涨了 7.4%。而经过一年多各方面因素调整后，国际原油等大宗商品价格已由上升通道转入下降通道。截至 2023 年 6 月，布伦特原油现货价格已经重新回到 80 美元/桶以下水平，5—6 月均约为 75 美元/桶；2023 年 1—7 月，美国原油进口价已经基本保持在 70 美元/桶左右水平。根据国际货币基金组织报告，预计 2023 年国际原油价格将下降 24.1%，2024 年继续下降 5.8%；2023 年非能源价格将下降 2.8%，2024 年继续下降 1%。

图 2-11 国际原油价格走势

全球食品价格指数也在2022年3月达到高点159.7后，从年中开始持续下降。截至2023年5月，该指数已降至124.3。根据联合国粮食及农业组织（FAO）的预测，2023年全年食品价格指数为127.8，虽然仍明显高于疫情前的水平，但相比于2022年已经大幅回落，甚至略低于2021年下半年的水平。

第四，全球供应链压力的冲击基本消失。2020—2022年，全球供应链冲击由于疫情和俄乌冲突等各种扰动因素出现了大起大落，全球供应链压力指数分别于2020年4月、2021年12月、2022年4月达到峰值3.0、4.3、3.4。随着疫情对经济的破坏力逐步下降，加上由世界经济下行预期带来的能源价格逐步回落，目前全球供应链压力指数已经回到了疫情前水平。截至2023年4月，全球供应链压力指数降

第二章　实现恢复性增长下的2023年上半年中国宏观经济 | **23**

至最低点－1.3，表明全球范围内的供应链压力基本消失。

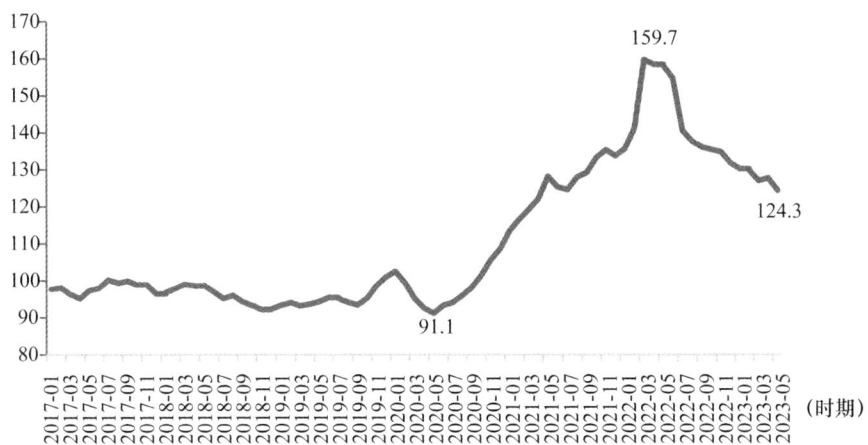

**图2-12　全球食品价格指数的变化（2014—2016年＝100）**
资料来源：FAO，Monthly Real Food Price Indices。

**图2-13　全球供应链压力指数**
资料来源：Federal Reserve Bank of New York，Global Supply Chain Pressure Index。

4. 预期转弱压力有所改善：消费者信心低位回升，企业家信心仍然不足

第一，2023年年初以来，消费者信心指数、消费者满意指数和消费者预期指数均开始触底回升。如图2-14所示，消费者信心指数自2022年3—4月大幅下滑30%以后，一直处于低位徘徊状态，直到2023年年初开始出现持续回升。不过，目前回升的速度依然较慢，截至2023年3月，消费者信心水平恢复至2022年2月的80%左右。

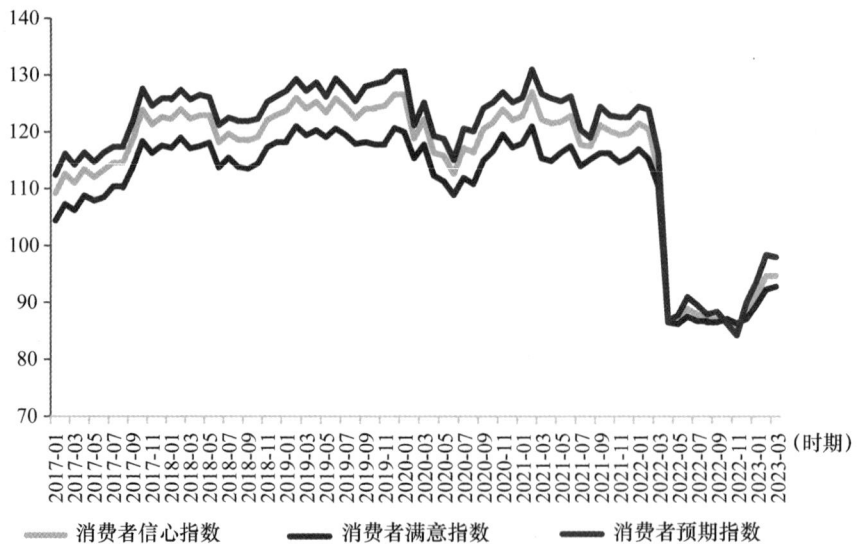

图2-14 消费者信心指数、满意指数和预期指数触底回升

从消费者信心指数的分项指标来看,自2023年年初以来,消费者的就业信心、收入信心和消费意愿也同步出现回升。截至2023年3月,消费者就业信心水平恢复至2022年2月的71%,收入信心水平恢复至2022年2月的85.6%,消费意愿恢复至2022年2月的86.2%。

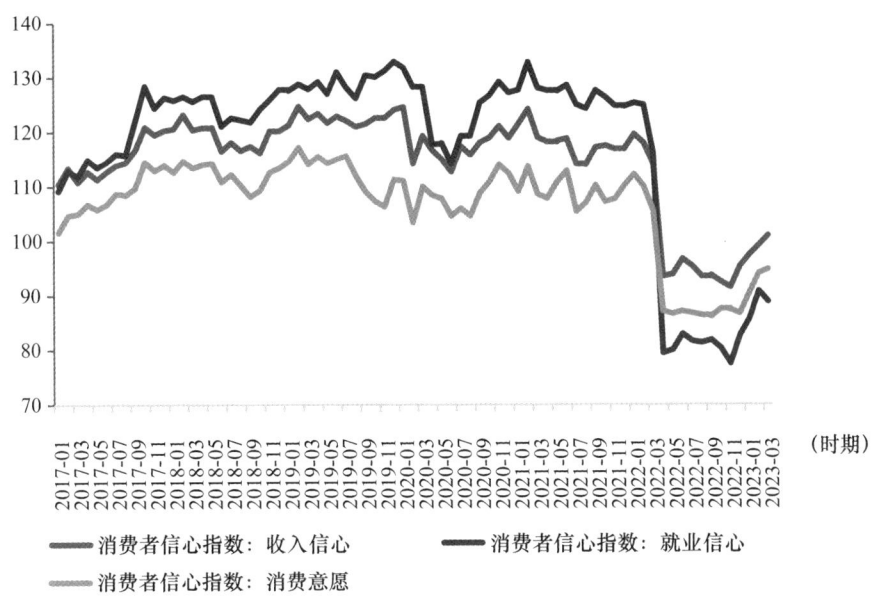

图2-15 消费者收入信心、就业信心和消费意愿触底回升

第二,与此同时,企业贷款需求显著回升,反映了企业扩张意愿增强。2023年第一季度,大型、中型、小型企业贷款需求指数分别较2022年第四季度大幅提升10.3、11.8、14.0个百分点,达到64.9%、68.2%、76.5%,这意味着企业扩张意愿总体增强。

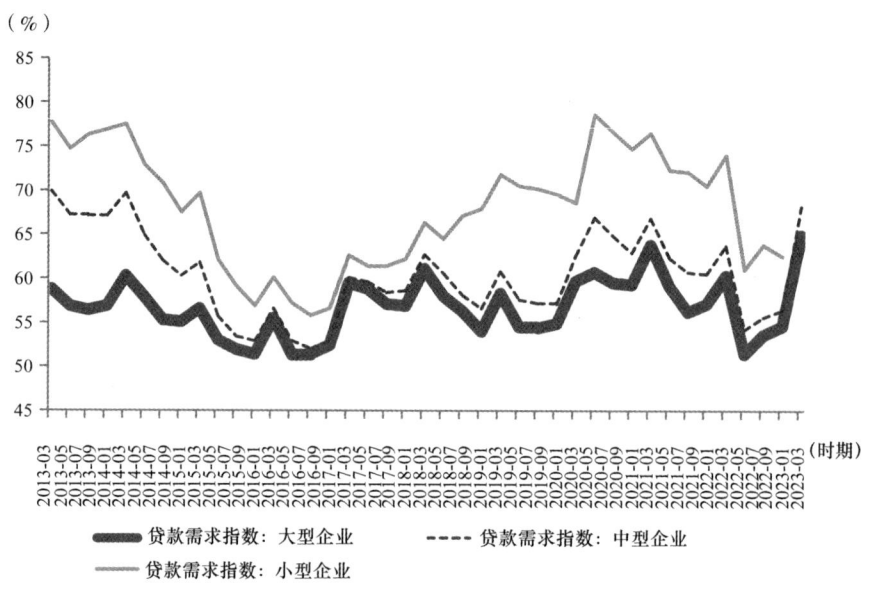

**图 2－16　企业贷款需求显著回升**

不过当前民间投资依然低迷，反映了企业家信心仍然不足。2023年1—5月，固定资产投资名义同比增长4.0%，且主要由公共投资和国企投资拉动，其中，基建投资增长了9.9%，国有控股企业投资增长了8.4%，相比之下，民间投资负增长0.1%，说明市场投资的内生动力仍未得到有效激发。而且相比于2023年第一季度，基建投资、国有控股企业投资、民间投资增速分别下滑了0.9、1.6、0.7个百分点，房地产投资跌幅扩大了1.4个百分点，共同带动总体投资增速下滑1.1个百分点，这说明如果不能加速启动民间投资，则随着政策性力量逐步退出，总投资增速将面临更大下行压力。

图中数据:
- 固定资产投资: 5.1, 5.1, 4.7, 4.0
- 基础设施建设投资: 11.5, 10.8, 9.8, 9.9
- 国有控股: 10.1, 10.0, 9.4, 8.4
- 民间投资: 0.9, 0.6, 0.4, -0.1
- 房地产开发投资: -10.0, -5.8, -6.2, -7.2

图例: ■2022年 ▥2023年第一季度 ■2023年1—4月 ▥2023年1—5月

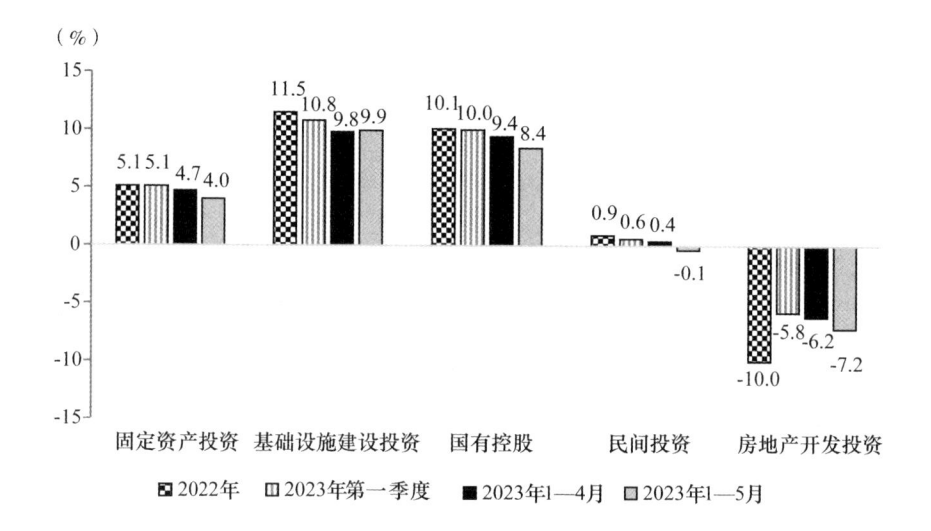

**图 2-17　中国固定资产投资增速变化趋势**

### 5. 物价运行超预期低迷，总需求不足依然是当前宏观经济的突出矛盾

2023 年年初以来，尽管宏观经济实现恢复性增长，且广义货币（M2）供应量同比增速始终保持在 12% 左右的高位，但各类物价涨幅持续下行，6 月 CPI 同比涨幅为 0，PPI 同比下跌 5.4%，引发通货紧缩的担忧和争论。

具体来看，2023 年 6 月，CPI 同比涨幅为 0，连续 3 个月处于零值边缘；环比下降 0.2%，连续 5 个月环比下跌，这意味着 2023 年年初以来，CPI 绝对水平经历了一段持续而稳定的下降时期；剔除食品和能源，核心 CPI 涨幅也持续下滑至 0.4%。

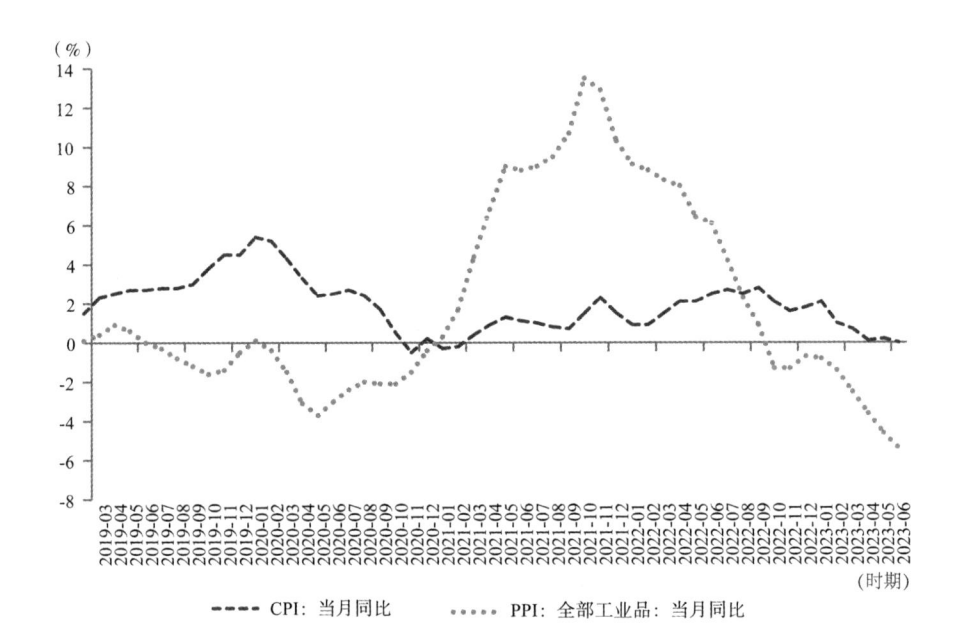

图 2-18 物价运行基本走势

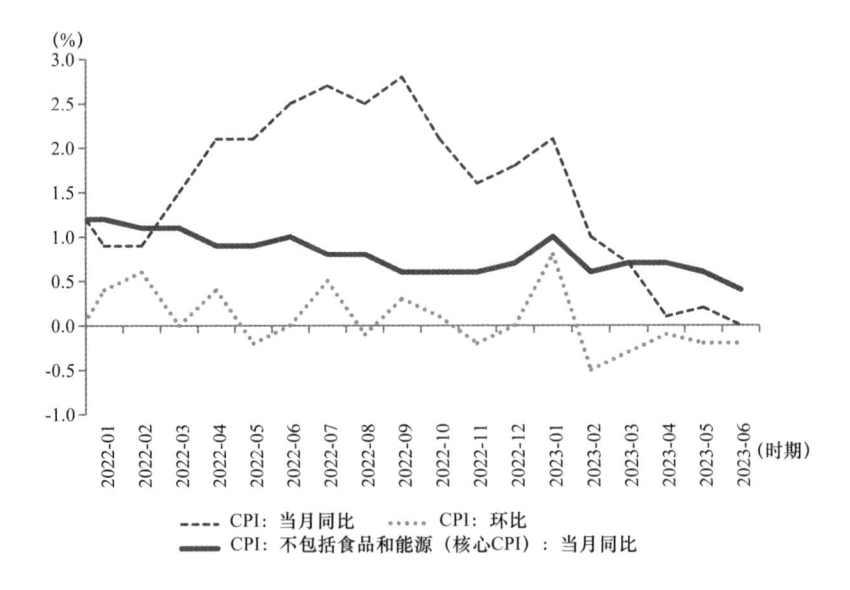

图 2-19 CPI 同比和环比走势

2023年6月，PPI同比下跌5.4%，连续9个月处于负值区间，连续6个月跌幅扩大；环比下降0.8%，跌幅依然较大。其中，生产资料同比跌幅扩大至6.8%，生活资料也不断下行并进入负值区间，同比下跌0.5%，比上月跌幅扩大0.4个百分点。

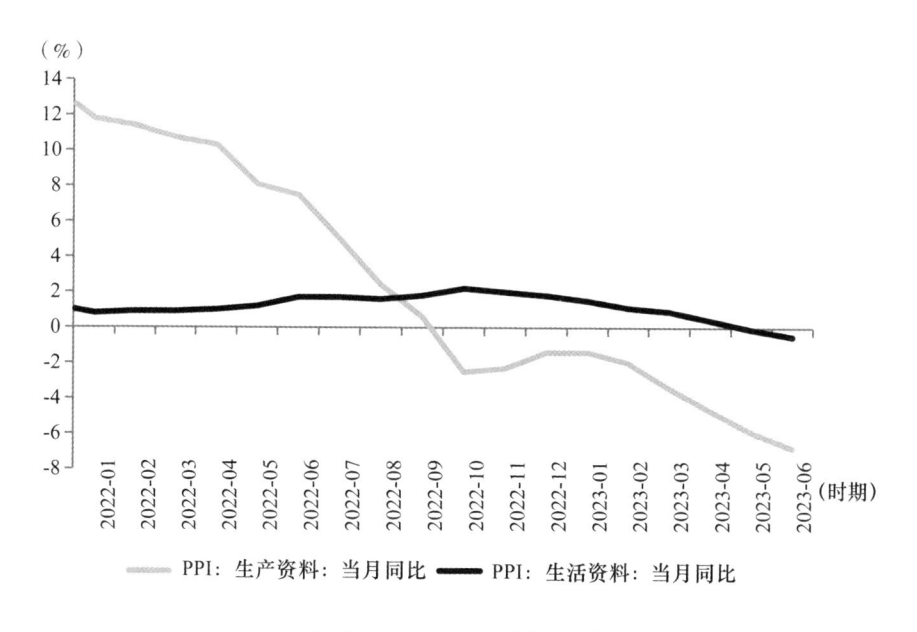

**图 2-20　PPI 分项指标走势**

## 6. 中国宏观经济恢复性增长的周期相位

综合供给、需求、物价等三方面情况可以判断，当前中国宏观经济恢复性增长的周期相位仍处于经济周期底部。一方面，疫情政策优化之后的经济重启效应非常明显，中国宏观经济的复苏进程已经启动；另一方面，经济恢复还不充分，总需求相对不足，实际产出与长期增长轨道还有较大差距。首先，从短期视角来看，2023年第二季度GDP平减指数跌入负值区间，同比下降0.92%，可以判断当前中国经济处于经济周期的低谷。

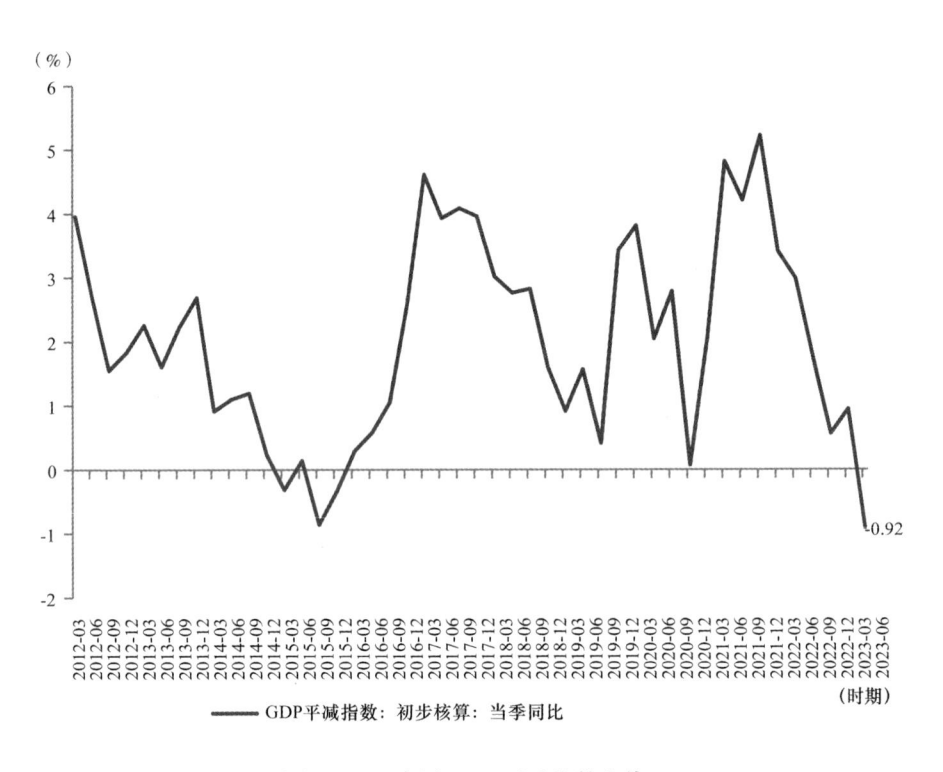

图2-21 中国GDP平减指数走势

其次，从长期视角看，相比于长期增长轨道，目前总产出水平还有较大差距。这既预示了未来发展空间，也表明需要更持续稳健的经济复苏来缩小产出缺口。以季调环比增速构建的定基指数显示，三年疫情的持续冲击使中国宏观经济出现了逐渐偏离长期增长轨道的态势,尤其是2021年以来,实际产出水平相比于长期增长趋势线的缺口不断扩大,造成的产出损失不断累积。2023年上半年虽然实现了恢复性增长,但与长期增长轨道相比,当期缺口仍然高达6.4%,需要加大宏观调控力度进行有效对冲,并通过改革逐步化解潜在增速中枢下降的问题。

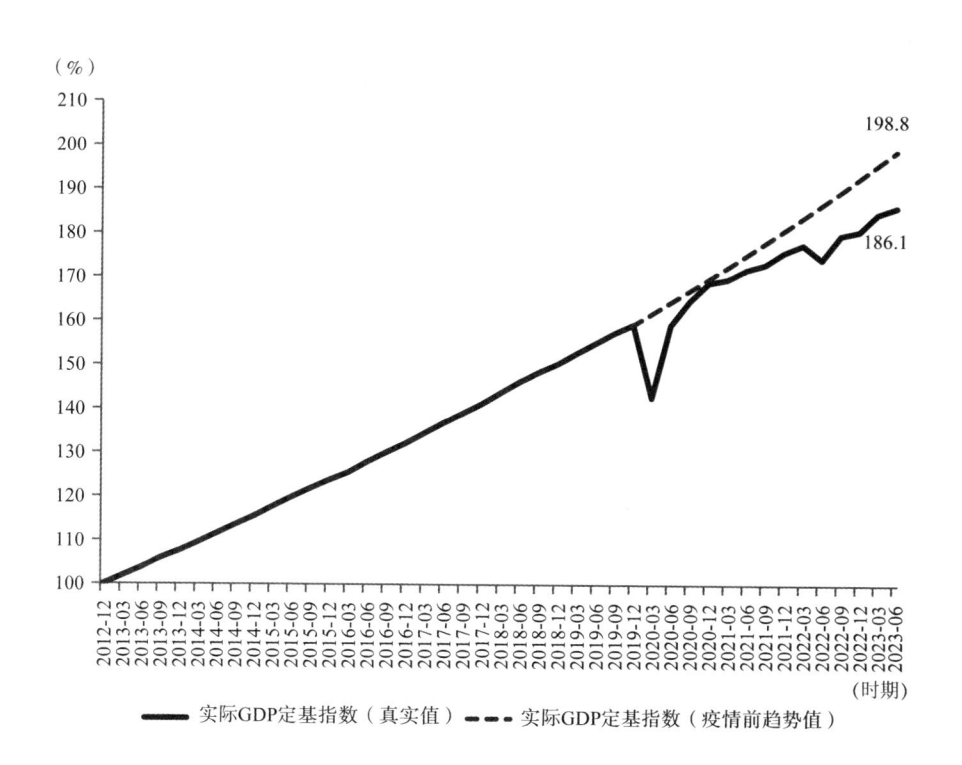

图2-22 中国实际产出水平向长期增长趋势线的回归态势

## 二 宏观经济传导存在时滞和阻碍，对微观基础的修复尚不充分

自2022年12月解除疫情管控以来，中国宏观经济已经迅速实现恢复性增长，但对于本轮中国经济复苏更为关键的——微观基础的改善，进而实现从恢复性增长向扩张性增长的转变，目前来看依然面临巨大挑战。

**1. 青年群体失业率持续飙升，居民收入增速不及预期**

当前宏观经济的回暖向居民就业和收入状况改善的传导还存在时滞和阻碍。

一方面，伴随经济复苏，青年群体失业率反而出现持续攀升。2023年年初以来，青年群体（16—24岁人口）失业率连续5个月上升，2023年4月首次突破20%，达到20.4%，5月、6月进一步上升，达到21.3%，再次创历史新高。按照目前发展趋势，随着7月应届毕业生进入劳动力市场，青年群体失业率在高峰期将再创新高，届时可能会给缓慢修复的市场信心带来新一轮冲击。这也说明要充分化解过去几年累积的就业压力和不断增长的新就业压力，还需要更为强劲的经济复苏和劳动力市场修复过程。

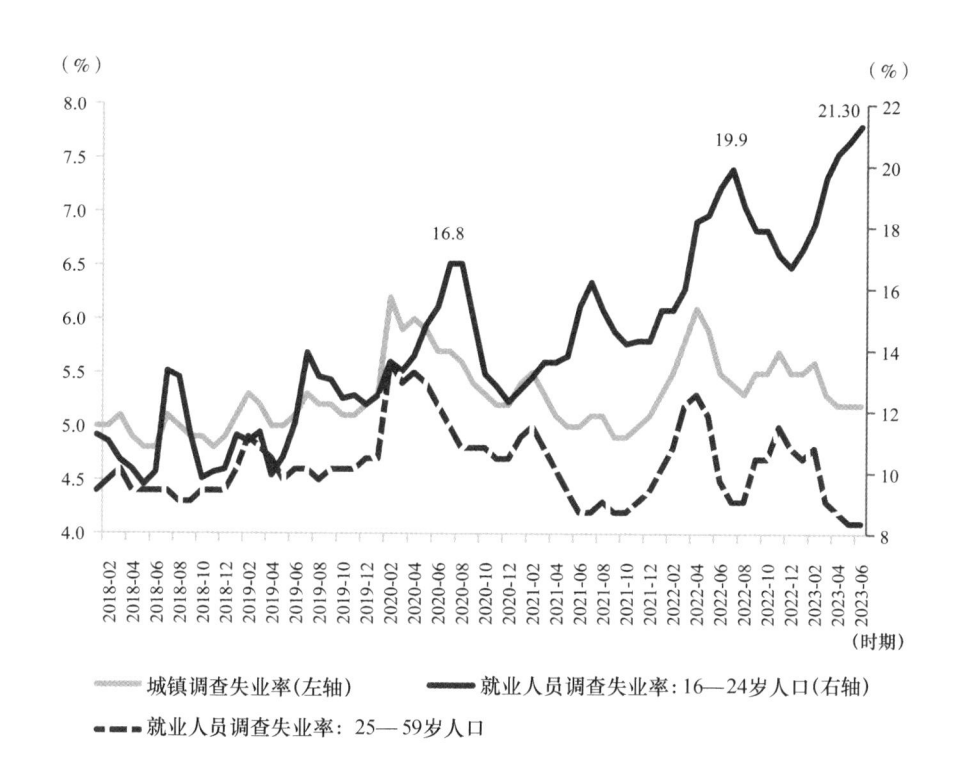

图 2-23 城镇调查失业率变化情况

另一方面，居民收入的改善幅度弱于宏观经济恢复程度。近五年（2018—2022年）全国居民人均可支配收入实际增速均低于实际GDP增速，年均增速差为0.2个百分点，而2023年第一季度进一步扩大至0.7个百分点；其中，城镇居民人均可支配收入与实际GDP年均增速差为1.1个百分点，而2023年第一季度扩大至1.8个百分点。

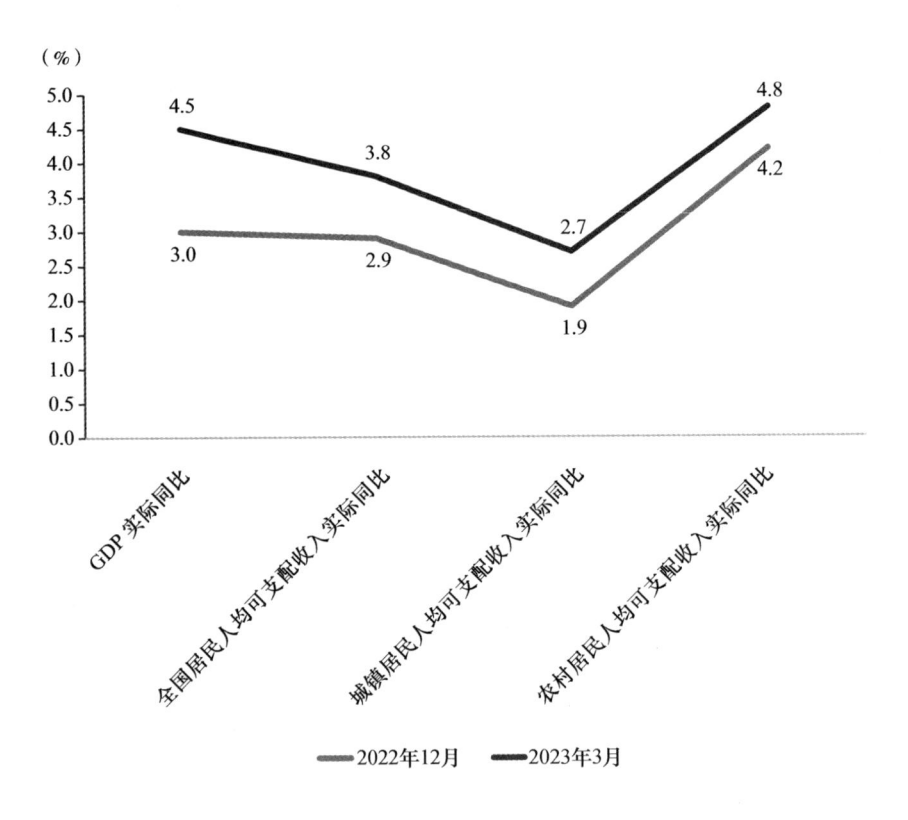

```
          (%)
  5.0                                                           4.8
  4.5   4.5
  4.0          3.8
  3.5                                                      4.2
  3.0   3.0
  2.9                                            2.7
  2.5
  2.0                                      1.9
  1.5
  1.0
  0.5
  0.0
      GDP实际同比   全国居民人均   城镇居民人均   农村居民人均
                    可支配收入     可支配收入     可支配收入
                    实际同比       实际同比       实际同比

           ——2022年12月   ——2023年3月
```

**图 2-24　居民人均可支配收入实际增速变化情况**

## 2. 工业企业绩效显著恶化，市场需求不足取代生产成本冲击成为主因

当前宏观经济的回暖向企业绩效状况改善的传导也存在时滞和阻碍。伴随经济复苏，工业企业绩效进一步显著恶化，而且与 2022 年相比呈现出两大差异。其一，市场需求不足取代生产成本冲击成为导致工业企业绩效恶化的主因。2022 年，工业企业营业收入增长 5.9%，但营业成本增长 7.1%，导致利润总额下降 4.0%，绩效恶化

主要是由于生产成本冲击；然而，2023年1—4月，工业企业营业收入增长0.5%，营业成本增长1.6%，但利润总额大幅下降20.6%，特别是制造业利润总额大幅下降27%，反映了绩效恶化主要是由于市场需求不足，企业不得不大幅降价促销，实现"以价换量"。反过来，这也导致工业产能利用率下滑。2023年第一季度，全国工业产能利用率为74.3%，比2022年第四季度下降1.4个百分点，也比上年同期下降1.5个百分点。

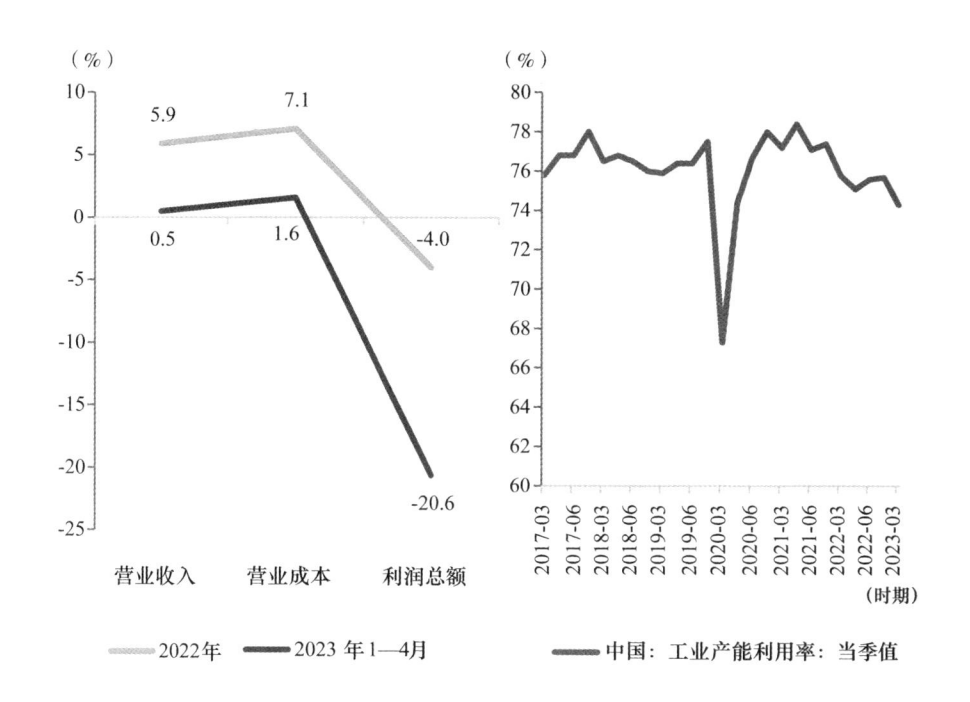

图2-25 工业企业总体经营情况

其二，无论是在细分产业层面还是在所有制层面，企业绩效恶化都呈现出扩大的趋势。在所有制层面，2023年1—4月，国有控股企业利润总额下降17.9%，股份制企业下降22%，外商及港澳台商投资企业下降16.2%，私营企业下降22.5%。在细分产业层面，在41个工业大类行业中，13个行业利润总额同比增长，1个行业持平，27个行业下降，主要集中在制造业。

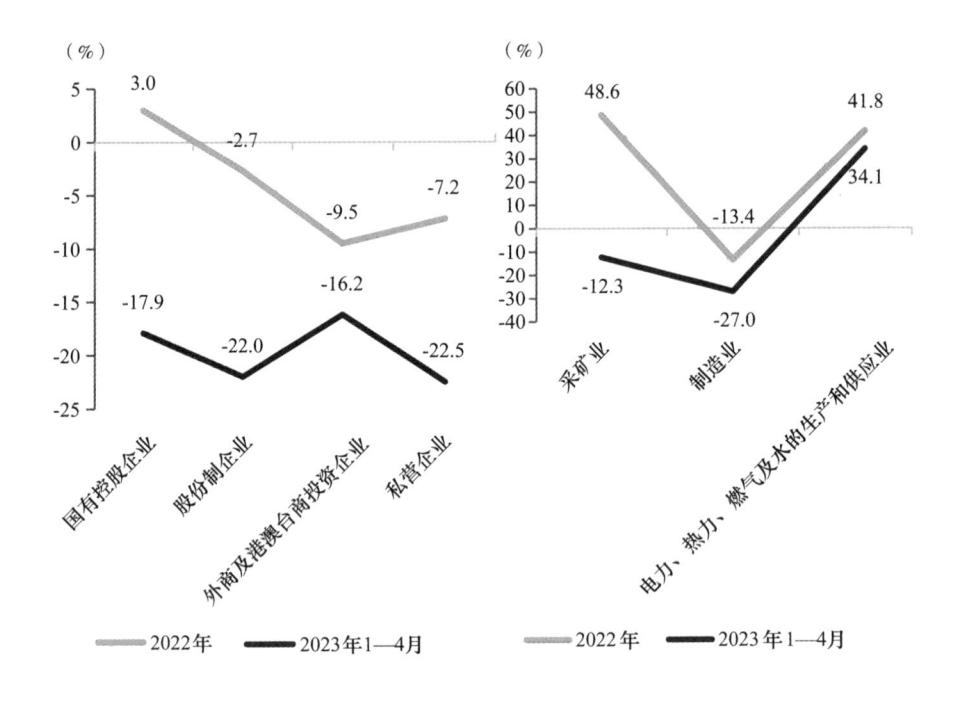

**图 2-26　不同类型工业企业盈利或亏损情况**

### 3. 高技术产业增速显著下滑，工业部门面临总量收缩和结构性下滑压力

受市场需求不足和科技封锁的影响，工业部门面临总量收缩和结构性下滑压力。从总量上看，一是如前文所述，工业产能利用率下滑。2023年第一季度，全国工业产能利用率为74.3%，比2022年第

四季度下降 1.4 个百分点，也比 2022 年同期下降 1.5 个百分点。二是工业企业产销率和出口交货值下滑。2023 年 1—5 月，在消费和出口反弹的掩盖下，工业企业产销率仅为 96.2%，比 2022 年同期下降 0.1 个百分点，工业企业出口交货值按人民币计价名义同比下降 4.0%，显著弱于整体出口情况。

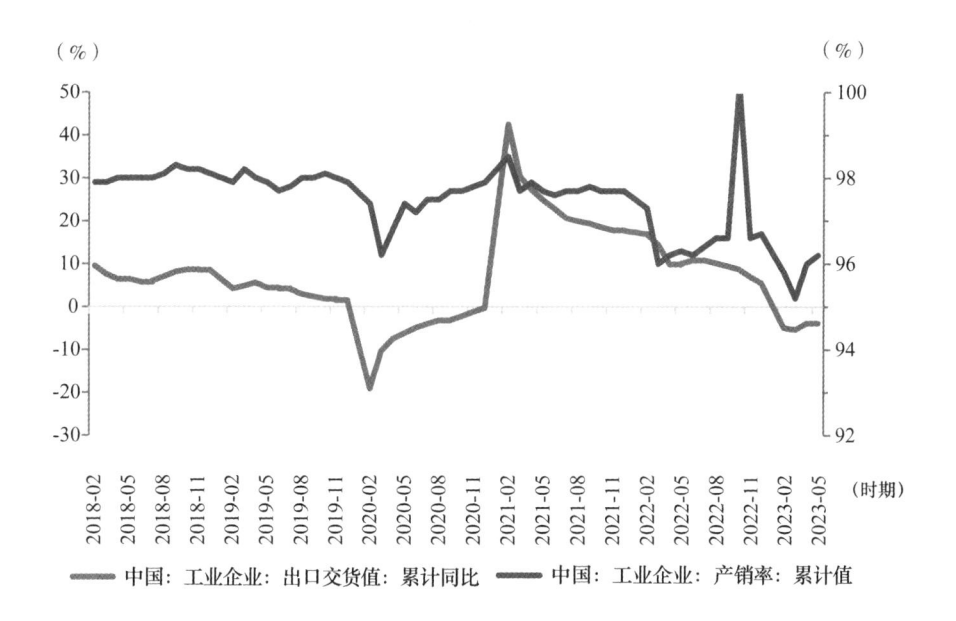

图 2-27　工业企业产销率和出口交货值增速变化情况

从结构上看，在宏观经济回暖的掩盖下，高技术产业增速出现断崖式下滑，近二十年来首次陷入低迷状态。2023 年 1—5 月，高技术产业增加值同比仅增长 1.4%，较 2022 年增速大幅下滑 6.0 个百分点，也低于工业总体增速 2.2 个百分点，低于制造业增速 2.6 个百分点。回顾近二十年来，高技术产业发展始终是中国工业经济总量稳定和结构优化的核心动力，呈现出三大特征：一是长期保持高速增长，2003—2022年平均增速为13.9%，2013—2022年平均增速为11.2%；二是持续大幅高于工业总体增速，2003—2022年平均高出3.3个百分点，2013—2022年平均高出4.7个百分点；三是跨越经济周期能力强，即使是在2020—2022年疫情冲击期间，高技术产业仍然保持了高速增长，平均增速为10.9%，比工业总体增速平均高出5.6个百分点。也正因如此，2022年以来高技术产业突然出现断崖式下滑，值得高度警惕，这很可能反映了近一段时期以来外部科技封锁对中国高技术产业发展的影响，达到了一个临界点。

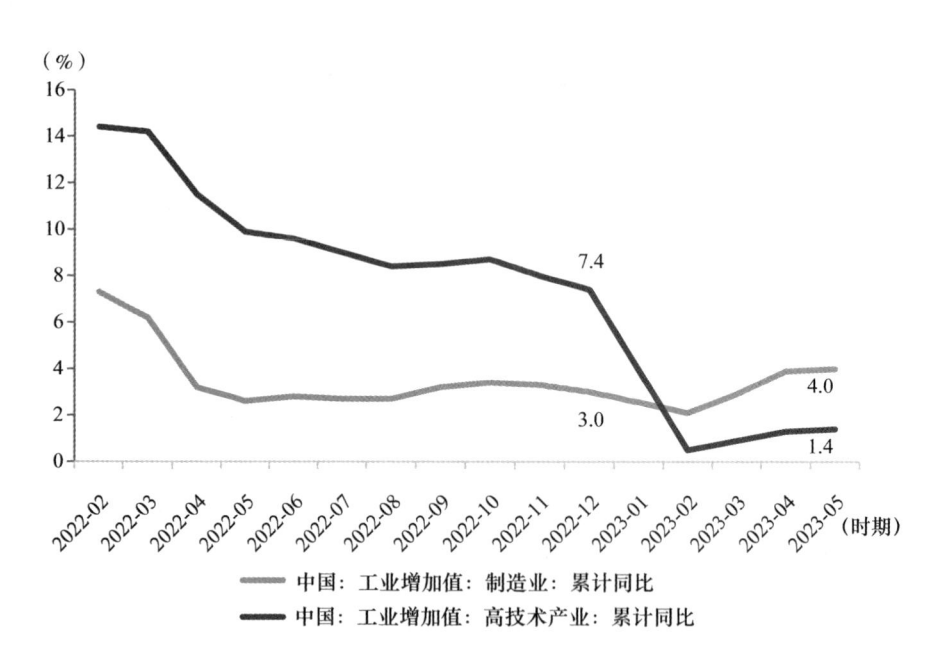

图2-28 高技术产业增速近期变化情况

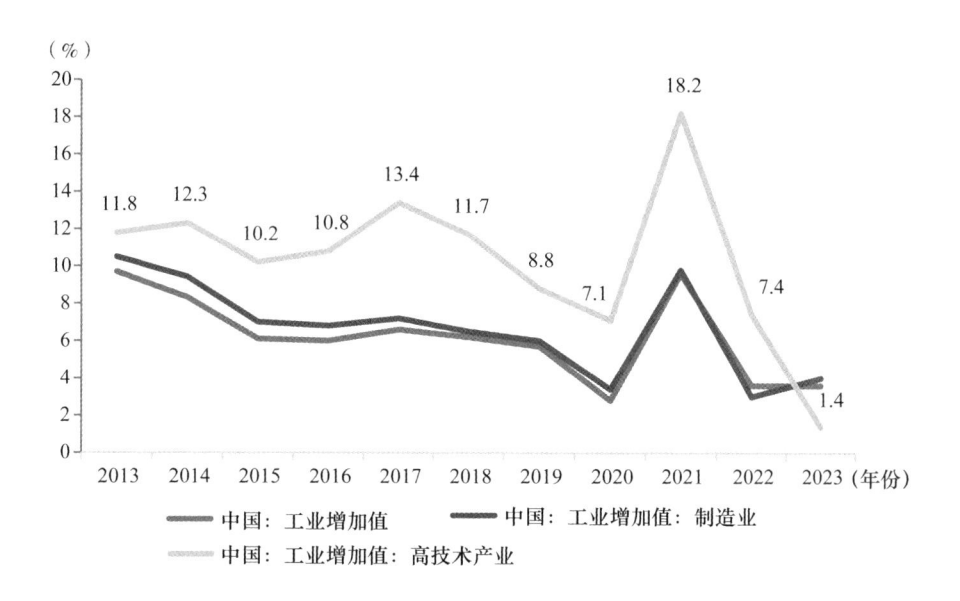

```
(%)
20
18                                                    18.2
16
14        12.3              13.4
      11.8      10.2  10.8       11.7
12
10                                   8.8
 8                                        7.1          7.4
 6
 4                                                          1.4
 2
 0
   2013 2014 2015 2016 2017 2018 2019 2020 2021 2022 2023 (年份)
        ── 中国：工业增加值      ── 中国：工业增加值：制造业
        ── 中国：工业增加值：高技术产业
```

**图 2-29　高技术产业增速长期变化情况**

不仅如此，高技术产业增速下滑可能也是导致青年群体失业率逆势攀升的原因之一。如图 2-30 所示，近 5 年来，每当高技术产业出现明显的下滑趋势时，青年群体失业率则呈现快速攀升态势，这在 2019 年、2020 年，特别是 2022 年以来，表现得尤为明显。因此，如果不能及时扭转，未来中国高科技产业发展和高科技人才储备都可能会发生变异。对于高校毕业生就业，如果不能对症下药，简单满足于"就业安置"，不仅将是巨大的人才资源浪费，更将影响中国长期的科技竞争力。

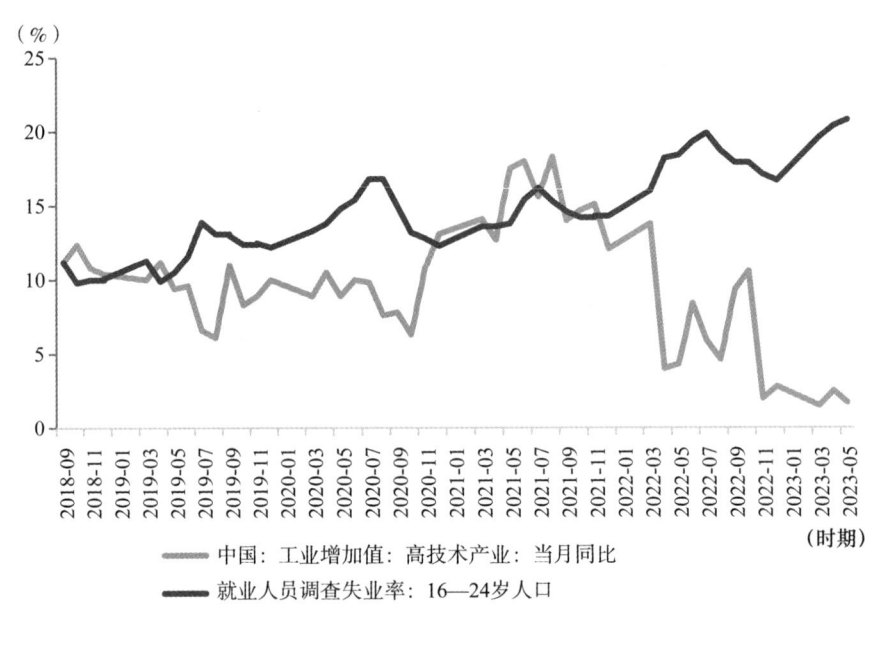

图 2-30　高技术产业增速与青年群体失业率变化情况

**4. 全国政府性基金收入不及预期，财政收支困难的局面延续**

当前宏观经济的回暖向财政收入状况改善的传导还存在时滞和阻碍。在市场主体绩效恶化和房地产市场低迷的背景下，公共财政收入和政府性基金收入总体不及预期。根据2023年年初的预算目标，2023年全国一般公共预算收入增长6.7%，全国政府性基金预算收入增长0.4%，两者合计增长5.0%。2023年1—6月，在低基数效应下，公共财政收入累计同比增长13.3%，但政府性基金收入累计同比下降16%，大幅低于预期，主要是由于房地产市场低迷，1—6月地方政府国有土地出让权收入累计同比下降约20%。综合考虑公共财政收入和全国政府性基金收入，1—6月，政府收入累计同比增长7.1%，高于预算目标，但从绝对收入水平上仍比2021年同期低6%左右。

**图2-31 财政收入和政府性基金收入变化情况**

在此情况下，地方政府和融资平台债务运转困难，政府支出增速（-3.6%）低于年初预算目标（6%）。2023年1—6月，公共财政支出累计同比增长3.9%，比2022年全年增速回落，全国政府性基金支出累计同比下降21.2%，比2022年全年的跌幅扩大。综合考虑公共财政和政府性基金两方面，2023年1—6月，政府支出累计同比下降3.6%，比2022年全年增速回落6.7个百分点，延续了2022年年中以来的回落态势。根据2023年年初的预算目标，

2023年全国一般公共预算支出增长5.6%，全国政府性基金预算支出增长6.7%，两项支出合计增长5.9%。因此，总体来看，目前政府支出增速大幅低于2023年年初预算目标。

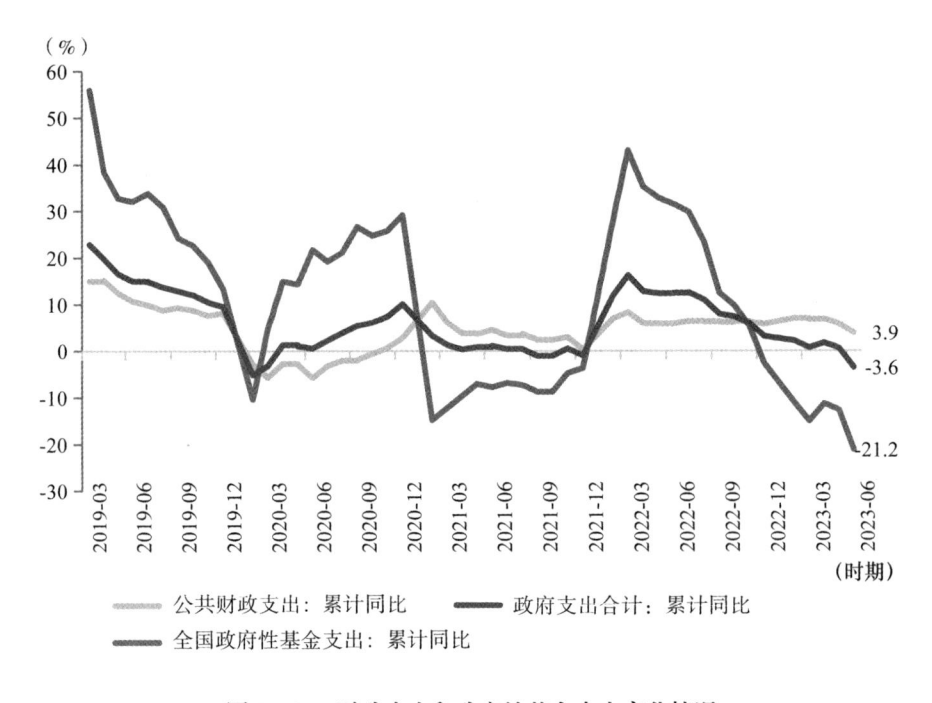

**图2-32 财政支出和政府性基金支出变化情况**

## 5. 经济循环速度的恢复仍不充分，客流物流资金流阻碍犹存

三年疫情期间，中国经济循环速度明显放缓，人员流动和货物流动（特别是人员流动）发生了系统性变化，中国经济整体变得更"宅"了。解除疫情管控后，客运量得到较快反弹，2023年1—5月累计同比增长57.01%，但是从绝对水平来看，截至2023年5月，

当月客流量仅恢复至2019年同期的54.5%。疫情期间货运量水平相对平稳，2023年1—5月累计同比增长7.36%，但是从绝对水平来看，截至2023年5月，当月货运量仅比2019年同期增长1.3%，相当于增长停滞了四年。

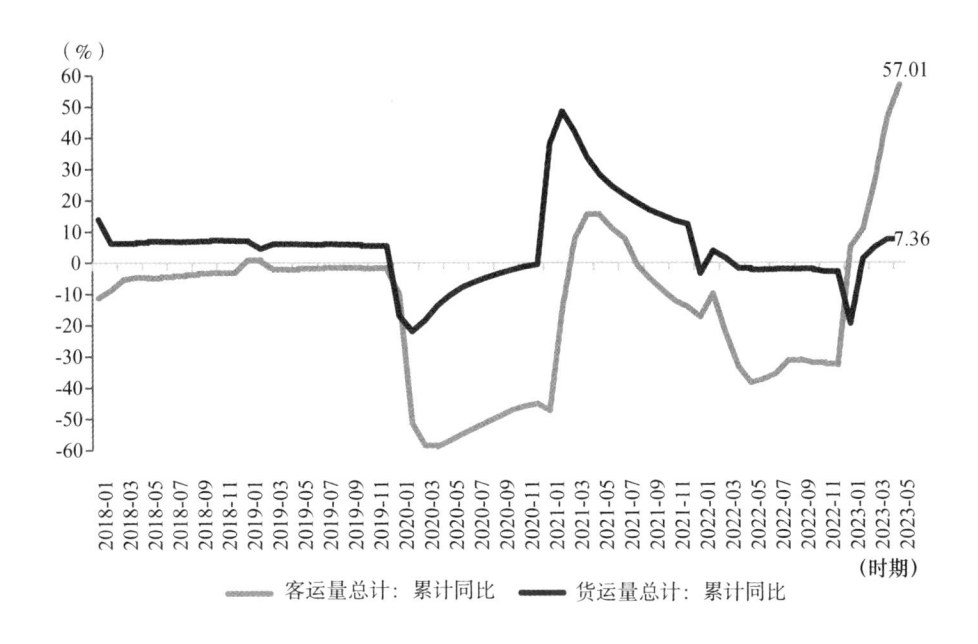

图2-33 中国客运量和货运量同比增速走势

从"假期经济"来看，2023年五一劳动节假期出游人数大幅增长，甚至超过了2019年的水平，但是人均出游消费支出为540元，仅为2019年的89.55%，人均每日出游消费支出为108元，仅为2019年的71.52%。

2020—2022年，中国经济内需偏弱的供需结构失衡问题一直持续

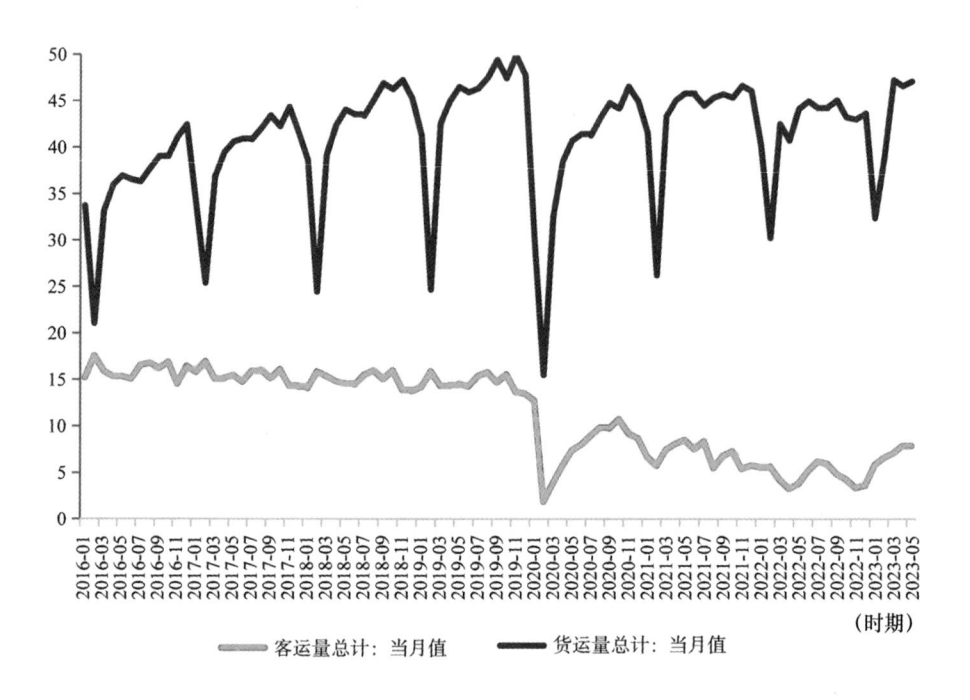

图 2-34 中国客运量和货运量绝对值走势

存在,并随着时间的推移不断强化,导致宏观经济体系指标比例越来越不协调,这也使中国经济的循环周转速度变慢。除了工业产能利用率和产品销售率下滑,工业企业应收账款回收期拉长、存货周转变慢,2023年4月末,规模以上工业企业应收账款21.94万亿元,同比增长12.6%,应收账款平均回收期为63.1天,同比增加6.4天;产成品存货周转天数为20.8天,同比增加1.3天。

第二章 实现恢复性增长下的2023年上半年中国宏观经济 | **45**

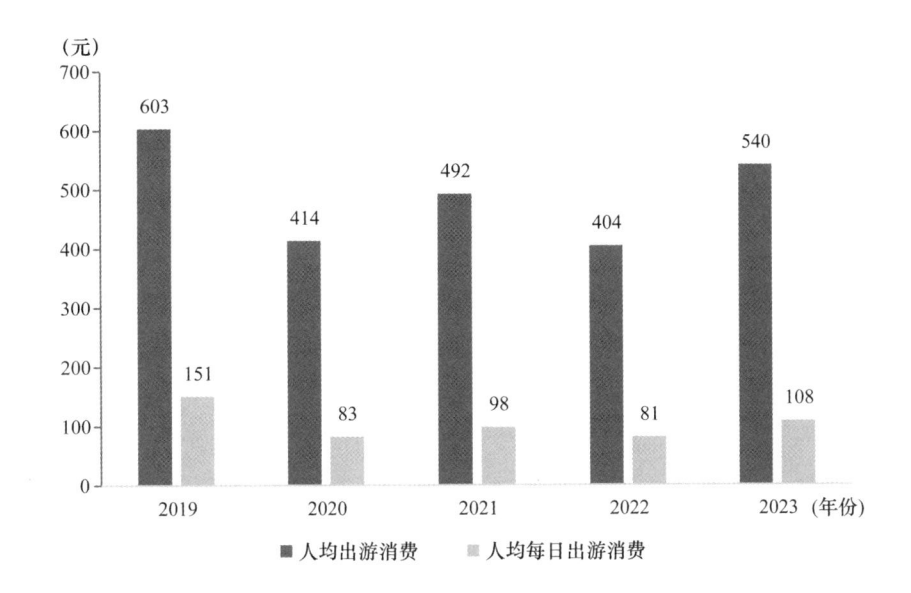

图2-35 五一劳动节假期人均出游消费支出

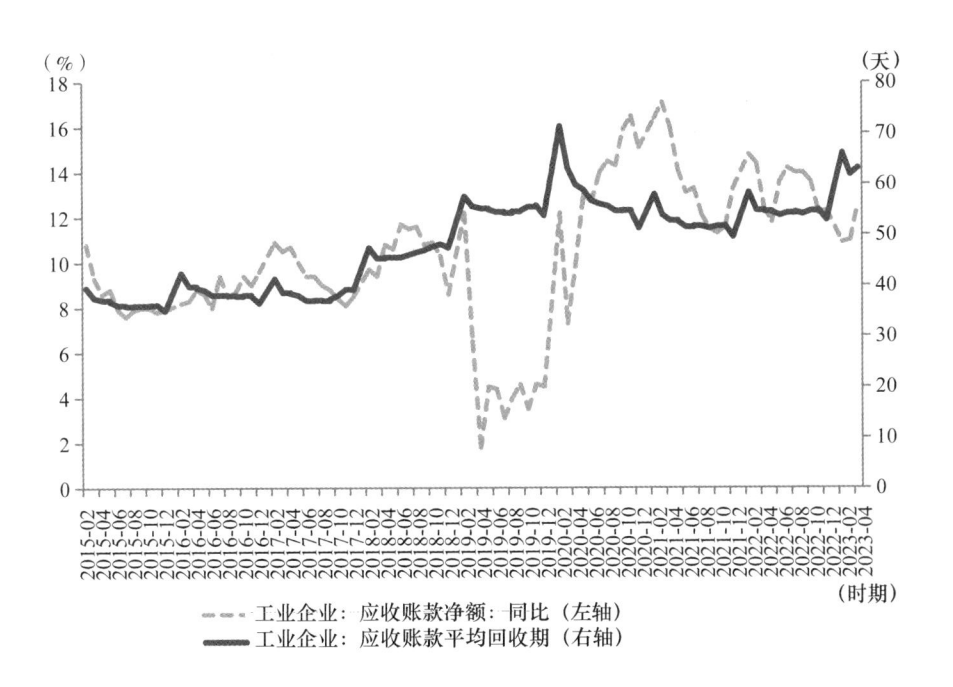

图2-36 工业企业产成品存货与应收账款变化情况

### 6. 中国经济复苏过程中出现的"五个20%"乱象

综合以上分析，2023年上半年既是中国经济复苏的恢复性增长期，也是各种潜在风险显化和矛盾的爆发期，经济复苏的痛点与难点集中表现为"五个20%"。

一是青年群体调查失业率突破20%。伴随着经济复苏，青年群体失业率却出现持续攀升。2023年6月，16—24岁人口调查失业率达到21.3%，连续6个月上升，创有记录以来最高值。按照目前发展趋势，随着7月应届毕业生进入劳动力市场，青年群体失业率的高峰期将再创新高，届时可能会给缓慢修复的市场信心带来新一轮冲击。

二是工业企业利润总额同比下降20%。伴随经济复苏，工业企业绩效却进一步显著恶化。2023年1—4月，工业企业利润总额大幅下降20.6%，而且与2022年相比呈现出两大差异；其一，市场需求不足取代生产成本冲击成为导致工业企业绩效恶化的主因；其二，无论是在细分产业层面还是在所有制层面，企业绩效恶化都呈现出扩大的趋势。

三是地方政府土地出让收入下降20%。2023年1—5月，地方政府国有土地出让权收入累计同比下降20%，导致全国政府性基金收入累计同比下降15%，大幅低于2023年年初预算目标，这也导致政府性基金支出增速大幅不及预期。根据年初预算目标，2023年全国政府性基金预算收入增长0.4%，全国政府性基金预算支出增长6.7%，但实际上1—5月政府性基金支出累计同比下降12.7%，比2022年全年跌幅进一步扩大10个百分点。

四是房地产新开工面积同比下降20%。2023年1—5月，房屋新开工面积同比下跌22.6%，跌幅相比于2023年第一季度不仅没有缩小，反而再度出现扩大态势。在此情况下，1—5月，房地产开发投资同比下跌7.2%，较2023年第一季度跌幅再度扩大1.4个百分点，总体投资增速从第一季度的5.1%下降至4.0%。因此，尽管2023年第一季度房地产市场短暂回暖带来投资企稳和房地产周边消费的反弹，但从新开工面积等先行指标来看，房地产市场依然存在超预期下行调整的可能，对投资和消费产生负向溢出效应，成为经济复苏的重要拖累因素。

五是消费者信心指数的缺口高达20%。伴随经济复苏，预期转弱压力有所改善，主要表现为消费者信心自年初以来开始企稳回升，包括消费者信心指数、满意指数和预期指数均开始触底回升，但是回升幅度有限、回升节奏放缓。截至2023年3月，消费者信心水平仅恢复至2022年年初的80%左右，缺口仍高达20%。其中，就业信心恢复至71%，收入信心恢复至85.6%，消费意愿恢复至86.2%。这不仅预示了消费的后劲不足，而且作为市场主体信心和预期的代表性指标，这实质上反映了市场整体信心水平还比较低迷。1—4月，固定资产投资同比增长4.7%，且主要由基建投资和国企投资拉动，分别增长了9.8%和9.4%，民间投资仅增长了0.4%，说明企业家信心仍然不足，市场投资内生动力尚未有效激发。

上述在经济复苏过程中出现的"五个20%"乱象正是2023年各类潜在风险显化和矛盾爆发的集中表现。这充分说明当前中国经济复苏正处于从第一个阶段向第二个阶段转换的关键期，需要加大宏观政策的支持力度，加强各类政策协调配合，形成共促高质量发展合力。

## 三　小结与政策启示

2023年以来，在党中央的坚强领导下，中国宏观经济迅速实现了恢复性增长，核心宏观经济指标增速较2022年第四季度全面回升。然而，当前宏观经济的回暖向居民就业和收入状况的传导、向企业绩效状况的传导、向市场信心和预期的传导，还存在明显的时滞和阻碍。这导致对本轮中国经济复苏更为关键的——微观基础的改善和全社会资产负债表的修复，进而实现从恢复性增长向扩张性增长的转变，面临巨大挑战。现阶段最突出的问题包括：一是就业压力不减，青年群体失业率持续攀升至高位；二是消费者和企业家信心不足，制约消费增长潜力、产业扩张动力和民间投资活力；三是高技术产业增速出现断崖式下滑，为近二十年来首次陷入低增长状态。

中国经济复苏已经启动，但不同于以往经济周期，在经历了三年疫情管控之后，本轮中国经济复苏需经历三个不同阶段，即社会秩序与交易修复阶段、资产负债表修复阶段、常态化扩展阶段，而且在阶段转换上也并非线性前进。当前中国经济复苏正处于第一个阶段向第二个阶段转换的关键期。这既是中国经济复苏的恢复性增长期，也是各种潜在风险显化和矛盾的集中爆发期。

2023年要实现质的有效提升和量的合理增长，财政、货币、产业、科技、社会五大政策需要加快出台具体方案和专项举措，同时加强政策协调配合，形成共促高质量发展合力。第一，加大财政政策和货币政策对现阶段经济复苏的支持力度。当前宏观调控的核心任务依然是加快宏观经济复苏和微观基础改善，并通过经济增速持续回升提振市场信心和预期。建议积极的财政政策加力提效的重点在于：其一，稳定基建投资和公共服务支出增速；其二，增加居民可支配收入和消费补贴力度；其三，降低企业所得税和个人所得税。建议稳健货币政策精准有效的重点在于：其一，为企业和家庭提供相对宽松普惠的投融资环境；其二，为制造业企业存货周转期和应收账款回收期延长提供针对性的金融产品；其三，为出口企业贸易便利和对冲汇率风险提供支持工具。第二，提高产业政策和科技政策对支持高技术产业发展的针对性。面对2023年高技术产业增速的突然下滑，建议尽快开展对相关产业发展情况的专项调研，只有充分掌握企业的真实情况、面临的痛点和政策需求，才能提供有针对性的解决方案，提高政策的有效性。第三，落实和优化社会政策对民生底线的兜底作用。就业是最大的民生，高校毕业生是国家宝贵的人才资源。但是把促进青年特别是高校毕业生就业工作摆在更加突出的位置，绝不意味着简单完成就业吸纳工作，还需要从问题的根源出发着力提高就业的匹配性，强化统筹部署、强化协同联动、强化高校责任。2023年年初以来，青年群体失业率不降反升很可能与高技术产业增速急剧下滑有关。因此，解决高校毕业生就业工作应该与支持高技术产业发展政策协调配合，否则既可能造成巨大人力资源浪费，也不利于未来高科技产业发展的人才队伍建设。

第三章

# 继续夯实复苏基础的
# 2023年下半年中国宏观经济

## ——基本趋势、短期风险点与中长期挑战

展望2023年下半年，中国经济有望在上半年实现恢复性增长的基础上，加快微观基础的修复，进而逐步迈向扩张性增长轨道。支撑中国经济实现扩张性增长的有利因素包括：党的二十大召开与疫情管控放开开启新一轮建设周期；"十四五"规划项目中期将发挥更大的投资拉动作用；宏观政策传导效率提升将更有效发挥稳增长作用；国际原油等大宗商品价格转入下降通道的成本降低效应；中国通胀水平保持低位使货币政策仍具有较大空间；中国与世界经济周期不同步产生风险对冲效应。因此，2023年下半年中国宏观经济不仅将延续上半年回升态势，而且在低基数效应下将继续呈现较高同比增速。但同时也必须看到，实现从恢复性增长向扩张性增长的转变，中国经济还面临诸多的短期风险和中长期挑战，需要在改善微观基础、市场预

期、运行模式和外部环境等方面持续发力。

# 一 基本趋势研判

**1. 经济持续恢复和低基数效应将助推2023年下半年保持较高同比增速**

尽管2023年上半年中国宏观经济的恢复还不充分，特别是微观基础还比较脆弱，但总体而言，中国经济处于复苏的进程之中，需求收缩、供给冲击、预期转弱三重压力得到了不同程度的缓解，逐渐走出三年疫情冲击的阴霾。按照目前的发展趋势，中国经济的产出缺口有望在2023年下半年进一步缩小，就业压力也将得到一定程度的缓解，居民收入和企业绩效有望逐步改善，家庭和企业资产负债表逐步修复，带动信心和预期的改善，共同推动形成经济复苏发展的内生动力。从2024年起，中国经济将正式从恢复性增长回归常态化扩张性增长。

2023年中国宏观经济呈现"在曲折中前进"的复苏走势，并高度依赖政策取向。由于2022年三、四季度经济增速也相对较低，同比分别增长3.9%、2.9%，客观上对2023年下半年经济增速也形成一定的低基数效果。因此，考虑到经济恢复进程和较低基数效应，在基准情景下，预计2023年第一至第四季度当季同比实际增速分别为

第三章　继续夯实复苏基础的2023年下半年中国宏观经济 | 53

4.5%、6.3%、4.5%、5.9%；累计同比实际增速分别为4.5%、5.5%、5.1%、5.3%，即全年增速为5.3%。中国经济将逐步完成宏观经济基本面修复、微观基础修复和预期全面改善三大阶段性任务，从而为中国经济社会长期健康发展奠定扎实的基础。但基于不同的政策取向，2023年经济增长可能呈现其他两种不同情景。

第一，在需求驱动情景下，宏观政策定位于着力扩大国内需求，促进消费需求和投资需求的充分释放。第二，在供给依赖情景下，宏观政策定位于稳住国内需求，继续依赖于工业和服务业生产驱动经济增长。

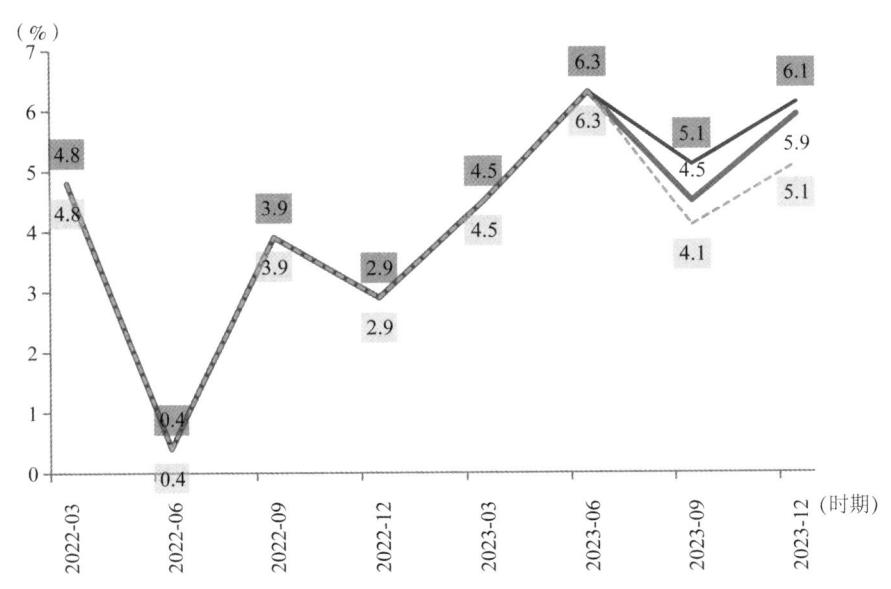

图3-1　中国实际GDP增速走势预测（当季同比）

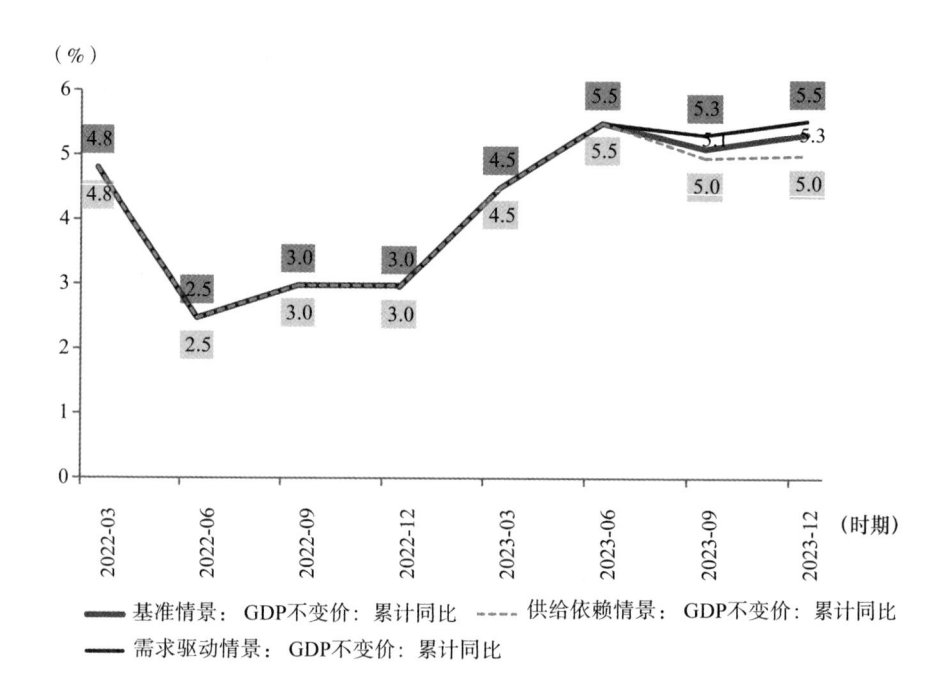

**图 3-2　中国实际 GDP 增速走势预测（累计同比）**

以上两种情景均能够实现全年经济增长5%左右的预期目标，但经济增速的差异，特别是复苏路径的差异，将造成短期就业压力和就业质量的不同走势。根据我们团队测算，要满足就业数量的需求，2023年中国经济增速至少需维持在5%以上水平，非农就业人数与2022年基本持平，但就业质量还将继续下滑；若经济增速达到6%左右，非农就业有望恢复到2019年状况，也就可以逐步消化部分隐性就业存量，使就业质量保持稳定甚至温和回升。

## 2. 基准增长情景下的就业形势研判

2023年的就业目标是城镇调查失业率控制在5.5%左右。2023年《政府工作报告》提出，落实落细就业优先政策，把促进青年特别是高校毕业生就业工作摆在更加突出的位置，切实保障好基本民生。在2023年上半年恢复性增长阶段，整体就业压力得到一定程度的缓解，但青年群体就业的结构性压力反而更加突出。展望2023年下半年，伴随宏观经济迈向扩张性增长，总体失业率将保持平稳，有效控制在5%—5.5%这一区间；青年群体失业率则继续上升，全年保持高位，2023年年末可能重回20%以下。结合时间序列预测方法，预计全年城镇调查失业率的均值为5.3%左右，其中，16—24岁人口失业率均值为20.3%左右，25—59岁人口失业率均值为4.3%左右。

第一，就业复苏形势尚不牢固，2023年下半年可能还会出现反复。2023年上半年，与经济复苏相对应，调查失业率总体稳步回落，4月降至5.2%，比全年5.5%的目标低0.3个百分点。但目前还不足以说明就业复苏形势明朗。一是失业率在2月曾出现反弹，从1月的5.5%回升至5.6%，随后才开始下降；二是31个大城市调查失业率高于平均水平，4月达到5.5%，说明大城市就业形势略差，这可能与三年疫情对大城市造成较大冲击、恢复需要较长时间有关，可以初步判断，大城市就业恢复周期可能更漫长；三是16—24岁群体调查失业率持续攀升，4月首次突破20%，达到20.4%，既有周期性因素也有结构性因素。

第二，青年群体失业率还会继续攀升一段时间。考虑到2023年大学毕业生人数突破1100万，第三季度青年失业问题将更加严峻。就算全年能完成1200万城镇新增就业目标，甚至新增1300万城镇就业岗位，也未必能解决大学毕业生就业问题，因为城镇新增就业岗位与实际新增就业人数还有近700万的差距。需注意的是，2022年4月16—24岁青年失业率只有18.2%，2023年同期跃升2.2个百分点，说明青年失业问题不单是周期性的问题，而是系统性的问题、趋势性的问题。我们判断，今后青年失业难题可能会持续10年，短期内会不断加剧。倘若处理不当，将会引发经济领域之外的其他社会问题，甚至成为政治问题的导火线。

第三，农民工就业形势好转。与青年就业难形成对比的是农民工就业的相对稳定，2023年第一季度外出务工农民工数量同比增加2.3%，农民工就业从扩增量进入保存量阶段，难度相对较小。我们判断，中国就业矛盾的焦点开始从农民工就业难转向青年失业。

第四，解决青年就业问题主要靠新增就业岗位，后者主要靠新增市场主体，而新增市场主体主要靠生产性投资，特别是民间生产性投资。民间投资增速放缓会严重削弱新增就业岗位的创造能力，这是青年失业问题加剧的需求端原因。2023年1—4月全社会固定资产投资增速只有4.7%，第三产业更是只有3.1%，第三产业恰是创造就业岗位最重要的产业，第三产业投资增速停滞不前对就业影响很大。民间固定资产投资更是显示出颓势，1—4月民间固定资产投资同比仅增长0.4%，第三产业投资更是同比下降4.0%。针对民间投资下滑趋势，我们一直没有找到解决的良策，只能依靠政府投资来代替，但政府投资不能弥补民间投资的角色缺位，长期来看甚至可能会削弱新增就业岗位的创造能力。

第五，当前保就业要以保青年就业为第一要务，而保青年就业不仅靠保存量市场主体，更要扩新增市场主体，这要靠民间投资来带动，这进一步要稳市场主体预期，坚持"两个毫不动摇"，打消民间投资的顾虑，处理好政府投资与民间投资之间的关系，防止出现就业效果的相互抵消。简单采取补贴政策并不能从根本上解决民间投资不足问题，关键还是在于完善法治建设，健全对私有产权的保护，弥合疫情以来人们对法治建设的信心缺失。

基于以上分析，结合时间序列预测方法，预计全年城镇调查失业率平均值在5.3%左右，其中16—24岁人口失业率在20.3%左右，25—59岁人口失业率在4.3%左右。然而，必须指出的是，当前中国就业的结构性矛盾仍然突出，高学历人才的劳动力供给与技术型人才的劳动力需求之间的匹配契合度仍存在明显提升空间，"就业难"与"招人难"并存，专业、行业和地区间就业的供需差距明显，对此，需要采取更加有力有效的就业政策，为稳就业提供强力支撑。

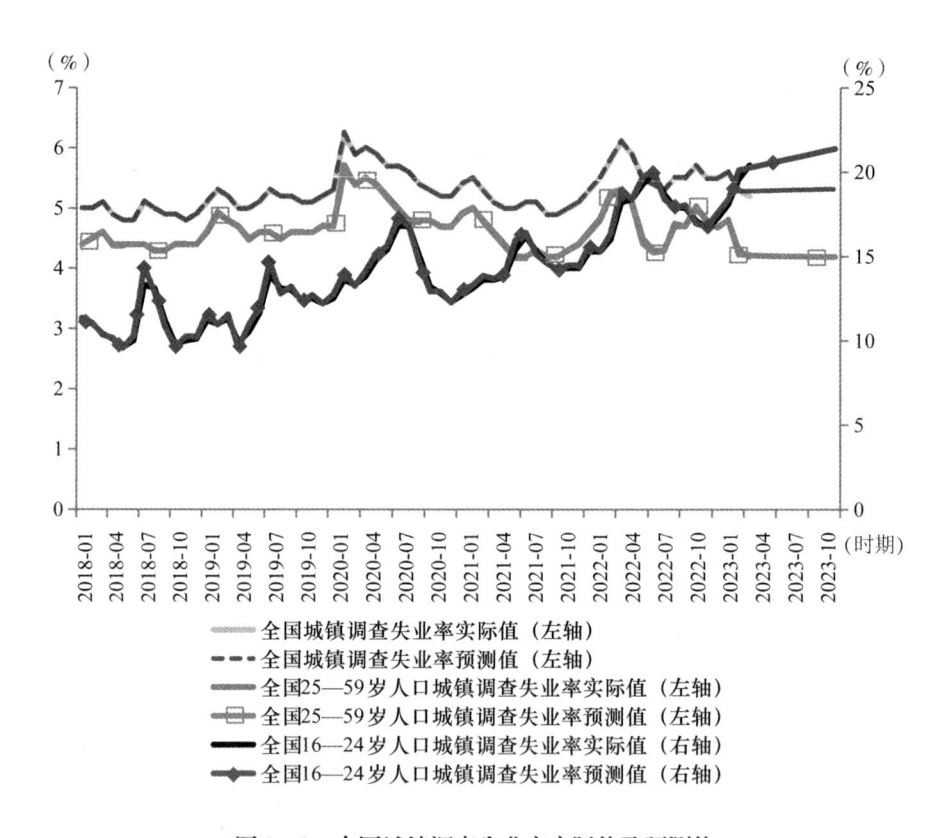

图中横轴为时间(2018-01 至 2023-10),左轴为失业率(%),右轴为失业率(%)。

图例:
- 全国城镇调查失业率实际值(左轴)
- 全国城镇调查失业率预测值(左轴)
- 全国25—59岁人口城镇调查失业率实际值(左轴)
- 全国25—59岁人口城镇调查失业率预测值(左轴)
- 全国16—24岁人口城镇调查失业率实际值(右轴)
- 全国16—24岁人口城镇调查失业率预测值(右轴)

**图3-3  中国城镇调查失业率实际值及预测值**

### 3. 出口预测及对经济增长和就业的影响

2023年上半年出口的超预期波动成为宏观经济形势争论的焦点,对2023年下半年出口走势的研判也关系到经济增速和就业预测的微调。整体而言,预计2023年中国出口额和顺差规模仍将保持高位,但增速将出现明显回落。结合时间序列预测方法,预计2023年全年总出口额约为34278亿美元,总进口额约为25230亿美元,净出口额为9048亿美元，同比增长1.8%。

中国出口市场多样化调整能够应对局部风险，但不足以应对系统性风险。2023年年初以来，以俄乌冲突为代表的国际地缘政治不稳定因素仍在持续，在高通胀、紧缩货币政策以及金融市场不确定性等因素作用下，2023年4月，国际货币基金组织发布的《世界经济展望报告》中，预计2023年全球经济增长率将下滑至2.8%，较2023年年初预测下调0.1个百分点，全球商品贸易增长率将下滑至1.7%，低于2022年的2.7%以及过去12年平均2.6%的水平。对中国出口而言，外需总量回落和结构性收缩将成为基准情景。一方面，考虑到东盟已成为中国第一大贸易伙伴，《区域全面经济伙伴关系协定》（RCEP）不断生效，多项利好政策持续落地，且其与"一带一路"倡议一起，对中国贸易发展发挥了显著的积极作用，对中国出口具有较为明显的支撑性。同时能源等大宗商品价格转入下降通道也为企业降低生产成本和扩大出口提供了一定助力。另一方面，全球经济贸易放缓同样也会导致东盟及共建"一带一路"合作国家需求下降，进而使中国对东盟各国的出口也面临下行压力。

表3-1　　　　　世界部分主要经济体实际GDP增速　　　　（单位：%）

|  | 2022年 | 2023年 | 2024年 |
| --- | --- | --- | --- |
| 世界 | 3.4 | 2.8 | 3.0 |
| 发达经济体 | 2.7 | 1.3 | 1.4 |
| 美国 | 2.1 | 1.6 | 1.1 |

续表

|  | 2022年 | 2023年 | 2024年 |
|---|---|---|---|
| 欧盟 | 3.5 | 0.8 | 1.4 |
| 德国 | 1.8 | -0.1 | 1.1 |
| 新兴市场和发展中经济体 | 4.0 | 3.9 | 4.2 |
| 新兴市场和发展中经济体（亚洲） | 4.4 | 5.3 | 5.1 |
| 中国 | 3.0 | 5.2 | 4.5 |
| 印度 | 6.8 | 5.9 | 6.3 |
| 俄罗斯 | -2.1 | 0.7 | 1.3 |

注：2023、2024年数据均为预测值。

资料来源：国际货币基金组织。

整体而言，预计2023年中国出口和净出口规模仍将保持高位，但增速将出现明显回落。具体分月规模和增速的变化趋势如图3-4、图3-5所示。

出口对2023年经济增长和就业的拉动效应减弱。在对经济增长的影响方面，净出口增长1.8%，预期将带动经济增长0.2个百分点，理论上可使失业率下降0.1个百分点。然而，这对当前就业形势的改善效应可能还不够，而且考虑到是在出口下滑的情况下实现的净出口增长，就业创造效应可能远不及预期。2023年年初以来，全国16—24岁人口调查失业率连续5个月上升，4月首次突破20%，5月达到20.8%，创有记录以来的历史最高值。而教育部、人力资源和社会保障部数据表明，2023年高校毕业生规模达到1158万人，比2022年增

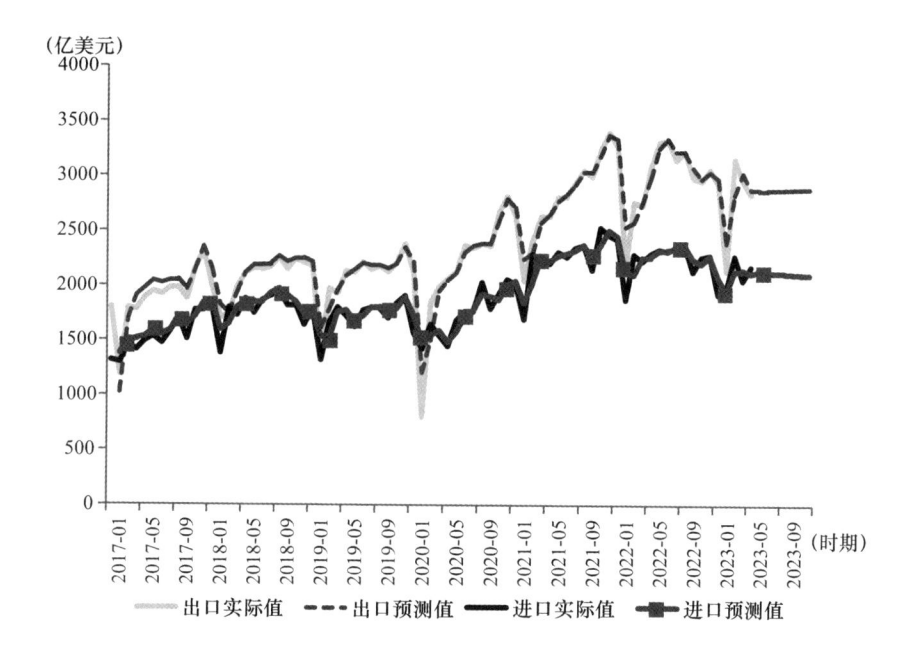

**图3-4 中国进出口规模的实际值及预测值走势**

资料来源：海关总署及笔者测算。

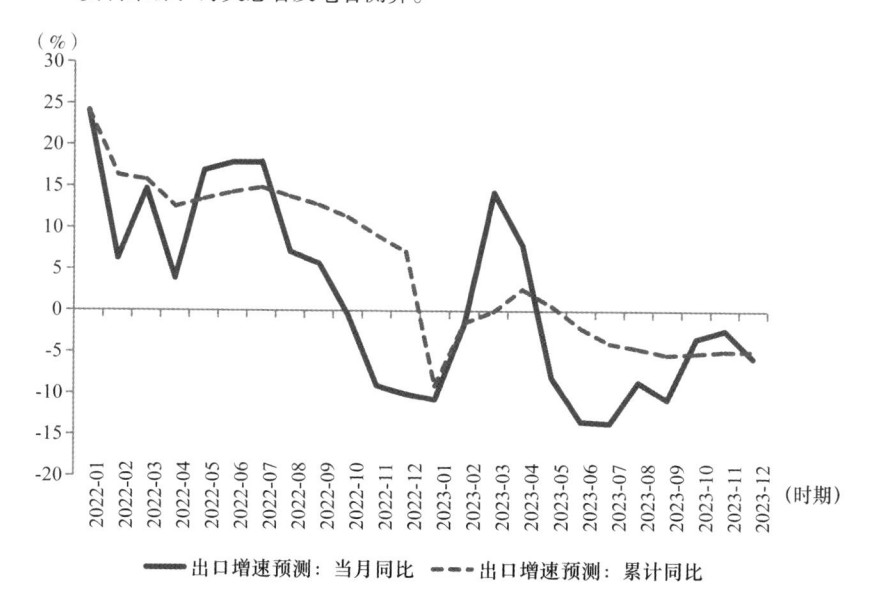

**图3-5 中国出口增速走势预测**

加 82 万人，青年劳动力供给水平持续处于高位。这意味着在基准情景下，伴随着出口的增速回落，青年群体就业压力仍将持续较长时间。

从积极因素来看，考虑到在过去长期内，就业增量与集成电路、新能源、房地产、移动互联网等行业的投资热度紧密相关，而 2023 年第一季度制造业固定资产投资同比增长 7%，高技术制造业投资同比增长 15.2%，其中电子及通信设备制造业、医疗仪器设备及仪器仪表制造业投资分别增长 20.7%、19.9%，这将为行业长期吸纳上述劳动力提供助力，就业效果将逐步显现。与此同时，伴随着汽车贸易的快速恢复，其将对产业链上游（如零部件、钢铁行业及生产设备制造行业等）以及配套产业（如汽车维修等部门）的劳动力需求产生显著的拉动作用。"新三样"出口规模的提升将进一步拉动基建的全面展开，并通过产业链吸纳就业。值得一提的是，考虑到受全球性新冠疫情冲击，零售店逐步向线上转移，并广泛采取互联网平台的营销模式，其将进一步通过"新基建"关联上下游产业就业。同时考虑到这一营销模式本身与青年消费习惯契合程度更高，相应岗位更青睐青年群体，因此一定程度上有利于缓解青年就业困局。此外，伴随着疫情形势的全面好转，作为就业支柱的服务业逐步恢复，用工需求扩大，为下一阶段就业形势的改善打下了坚实基础。国际劳工组织 2023 年 1 月 16 日发布的《世界就业和社会展望：2023 年趋势》中指出，预计中低收入国家的就业增长将超过疫情前的增长趋势。

4. "十四五"规划项目进入中期将发挥更大的投资拉动作用

截至2023年6月,全国31个省(自治区、直辖市)均不同程度地公布了本地区的投资建设计划。通过31个省(自治区、直辖市)投资项目计划的梳理,可以发现2023年各地区投资建设计划主要有以下几个特点。第一,项目规模可观。从各省(自治区、直辖市)的投资计划来看,项目数量在数百到数千之间,项目投资金额在百亿元到万亿元之间。第二,项目质量进一步提升。各省(自治区、直辖市)发布的重大项目计划均符合国家和本地区"十四五"相关规划,注重经济结构优化和质量效益、注重科技创新和研发投入,项目的区域分布更加优化,更加注重民生保障。第三,战略性新兴产业项目数量较多,项目计划具有较强的动态性。各省(自治区、直辖市)的产业项目较多,主要涵盖领域为新基建、新能源新材料、生物医药、新型城镇化、高端装备制造、大数据建设等。

当前,中国经济发展逐渐由要素驱动转向创新驱动,投资项目由传统的"铁公基"转向"新基建"。相比于"铁公基","新基建"的特点在于对经济的拉动更多体现在改善结构、提升质量以及产生较长远的收益,但在短期内对经济的拉动效果相对较小,这是中国经济由高速增长转向高质量发展的必经阶段。此外,"新基建"相比于"铁公基"的突出优势在于民间资本有更多投资机会,为民营企业特别是高科技企业带来了重要投资机会。"十四五"规划更加重视创新的发展理念，战略性新兴产业进一步发展壮大，制造业持续优化升级。新一代信息技术、生物技术、新能源、新材料、高端装备制造、新能源汽车、绿色环保以及航空航天、海洋装备等战略性新兴产业加快发展，化工、造纸等重点行业企业改造升级。

表 3-2　　各省（自治区、直辖市）2023 年以来投资情况汇总

| 省（自治区、直辖市） | 投资情况 |
| --- | --- |
| 北京 | 印发《北京市政府投资管理办法》，强调"经济适用"原则。截至 2023 年 3 月底，北京市共有 7 个基础设施 REITs 项目发行上市，包括京能国际光伏发电、京东集团仓储物流、中关村软件园、北京首钢生物质、市保障房中心租赁住房、普洛斯仓储物流、首创环保污水处理等。这 7 个项目募集资金规模总共近 180 亿元，占全国总额的 19%，在发行上市数量和募集资金规模两方面均居全国首位。2023 年第一季度中，第一批重大项目集中开工，总投资约 4686 亿元，项目数为 50 个 |
| 天津 | 2023 年年度计划投资 2360.57 亿元，共安排重点建设项目 673 个，涉及项目的总投资金额为 1.53 万亿元。重点项目包括：位于滨海新区南港工业区年产 120 万吨大乙烯项目、京津塘高速公路（天津段）改扩建项目、中国电信京津冀大数据基地等。其中，新开工项目总投资 3154.54 亿元，项目数为 192 个，年度投资 934.12 亿元；续建项目年度投资为 1426.44 亿元，项目数为 481 个，总投资 1.22 万亿元。此外，天津市安排重点储备项目 182 个，总投资 3834.62 亿元 |
| 河北 | 2023 年重点建设项目共安排 507 个，总投资 1.32 万亿元，年度预计投资 2600.1 亿元。其中，新开工项目 261 个，总投资 5455.1 亿元，年度预计投资 1093.4 亿元；续建项目 194 个，总投资 6646.1 亿元，年度预计投资 1298.8 亿元；建成投产项目 52 个，总投资 1131 亿元，年度预计投资 207.9 亿元。其中，战略性新兴产业项目 256 个，总投资 3213.2 亿元；产业链现代化提升项目 70 个，总投资 2762.6 亿元；现代服务业项目 89 个，总投资 1166.7 亿元；基础设施项目 63 个，总投资 5369.4 亿元；民生补短板项目 29 个，总投资 720.3 亿元 |
| 山西 | 2023 年省级重点工程项目名单，共 8 类 619 项。8 类项目分别为：产业转型类 272 项、能源革命类 66 项、基础设施类 69 项、区域发展类 64 项、生态文明类 51 项、科教人才类 38 项、社会民生类 33 项、改革开放类 26 项 |

续表

| 省（自治区、直辖市） | 投资情况 |
| --- | --- |
| 内蒙古 | 2023年度计划实施总投资为3.2万亿元的3169个重大项目，其中招商引资项目1453个，总投资2万亿元 |
| 辽宁 | 2023年第一季度集中开工的新项目共1816个，总投资超过4700亿元。产业项目投资额共2587亿元，包括141个高新技术项目等 |
| 吉林 | 2023年已有72个旅游项目集中开工，总投资1083亿元。共有汽车产业集群"上台阶"工程项目167个，总投资近千亿元，截至2月底已有39个项目开工，总投资超400亿元 |
| 黑龙江 | 2023年度计划完成投资1481亿元，同比增长45.2%。第一批"开春即开工"项目共2541个，其中省级重点项目为565个 |
| 上海 | 2023年重大工程安排正式项目191项，全年计划完成投资超过2150亿元，年内计划新开工项目15个，建成项目26个，安排预备项目48个 |
| 江苏 | 2023年第一季度，10亿元以上在建项目2802个，比去年同期增加344个，同比增长12.8%。根据统计，全省220个重大项目开工、投资均超序时进度，亿元以上的2149个产业项目中已开工2070个，开工率96% |
| 浙江 | 2023年，开启"千项万亿"工程，每年滚动推进省重大项目1000个以上，每年完成投资1万亿元以上。在2023年重大项目实施计划中，第一批安排省重大项目791个，年度计划投资8337亿元 |
| 安徽 | 2023年目标为新开工重点项目2600个以上，竣工项目1200个以上。在第一季度中，开工项目为1017个，总投资7069.1亿元 |
| 福建 | 2023年度省级重点项目共有1580个，其中在建重点项目1409个，省预备重点项目171个 |
| 江西 | 2023年年初步计划实施3527个省大中型项目，总投资4.42万亿元左右，年度计划完成投资1.56万亿元左右 |
| 山东 | 2023年度安排525个省重大实施类项目，第一季度开工465个，开工率88.57%。省级重大项目共602个，接近一半的项目为现代产业项目 |
| 河南 | 2023年共安排省重点建设项目2505个，年度计划投资约1.9万亿元 |

续表

| 省（自治区、直辖市） | 投资情况 |
|---|---|
| 湖北 | 2023年度计划推进武黄高速改扩建等7919个亿元以上项目尽快开工，加快襄阳比亚迪产业园等6727个亿元以上续建项目建设。湖北省的规划目标是确保固定资产投资增长10%以上 |
| 湖南 | 2023年度共铺排重点建设项目324个，总投资2.13万亿元，年度计划投资4616.8亿元。324个项目中具体包括产业发展项目178个、基础设施项目121个、社会民生项目15个、生态环保项目10个 |
| 广东 | 2023年安排省重点建设项目1530个，年度计划投资1万亿元。第一季度广东省完成进度24.4%，重点项目完成投资2439亿元。新开工星源材质华南新能源材料产业基地、南沙至珠海（中山）城际等89个项目 |
| 广西 | 2023年重大项目共2528项，总投资46486.42亿元。其中，新开工项目303项，总投资4750.92亿元，年度计划投资617.97亿元；续建项目1285项，总投资24981.42亿元，年度计划投资3019.03亿元；竣工投产259项，总投资4713.88亿元，年度计划投资624.67亿元；预备项目681项，总投资12040.2亿元 |
| 海南 | 2023年安排省重点项目204个，总投资约6116亿元。此外，海南省安排了98个预备项目，总投资约4519亿。总投资百亿级的省重点项目有12个，分别是约103亿元的海南洋浦区域国际集装箱枢纽港扩建工程、394亿元的海南昌江核电二期项目、270亿元的海口江东新区CBD产城融合开发项目、约110亿元的海南省昌化江水资源配置工程、230亿元的万宁1000MW漂浮式海上风电试验项目、150亿元的三亚海棠湾超级万象城文旅综合体项目、207亿元的明阳东方CZ9（150万千瓦）海上风电示范项目、182亿元的中海油新能源东方CZ7（150万千瓦）海上风电示范项目、约155亿的博鳌乐城国际医疗旅游先行区"六水共治"及基础设施提升项目、150亿元的申能海南CZ2海上风电示范项目、143亿元的大唐海南儋州120万千瓦海上风电项目、约128亿元的海南省环岛旅游公路工程 |
| 重庆 | 2023年市级重点项目名单，包含重点建设项目1156个，总投资超3万亿元，年度计划投资约4300亿元。重庆市级重点建设项目数量首次突破1000个，年度计划投资首次突破4000亿元。重点建设项目数量同比增加279个，增幅达31.8%，其中，计划新开工项目387个、完工项目200个，分别同比增长38.2%和8.1% |
| 四川 | 2023年重点项目共700个，包含新开工项目236个，续建项目464个 |
| 贵州 | 2023年共安排重大工程和项目4158个，年度计划投资8000余亿元，其中四化项目共2999个 |

续表

| 省（自治区、直辖市） | 投资情况 |
|---|---|
| 云南 | 2023年度共安排省级重大项目1500个，"重中之重"项目149个 |
| 陕西 | 2023年组织实施省市重点建设项目共4452个，总投资5.46万亿元，其中省级重点建设项目达643个，总投资20356亿元，年度投资4818亿元 |
| 甘肃 | 2023年度重大建设项目投资计划包括287个项目，其中计划新开工项目119个，续建项目148个，预备项目20个 |
| 青海 | 2023年实施省级重点项目200项，总投资7176亿元，年度计划投资1024亿元。省级重点项目中已开复工144项，已完成投资182亿元，较去年同期增长24亿元 |
| 宁夏 | 2023年度共有重点建设项目101个，总投资为4048.72亿元，年度计划投资为667.23亿元 |
| 新疆 | 2023年共安排重点项目400个，总投资额2.7万亿元，年度投资计划为3000亿元以上 |

注：囿于数据和相关政策统计要求，本表内容不包含西藏自治区和港澳台地区。数据来源为各省发展和改革委员会及统计局网站。对2023年的投资情况进行资料汇总，通过多种渠道的搜集整理制作此表。

从主要政策文件对投资项目建设的安排来看，2021年3月第十三届全国人民代表大会第四次会议通过的《中华人民共和国国民经济和社会发展第十四个五年规划和二〇三五年远景目标纲要》（以下简称"十四五"规划纲要），为开启全面建设社会主义现代化国家新征程制定了宏伟蓝图。根据"十四五"规划纲要，"十四五"时期的投资将出现以下新趋势。首先是更加强调科技创新和研发投入，关注创新驱动。在"十四五"规划纲要中，关于科技创新和研发投入有了更为具体的要求和目标，包括"全社会研发经费投入增长大于7%""基础研究经费投入占研发经费投入比重提高到8%以上"等。其次是产业数字化加速推进，数字经济和实体经济深度融合。"十四五"规划纲要中明确提出了"2025年数字经济核心产业增加值占GDP比重达到10%"的目标。中国信息通信研究院预测，2025年中国数字经济规模将达到60万亿元，数字经济作为中国经济高质量发展的新引擎，将会催生出多种新业态、新模式和新产业。绿色经济、绿色能源加快发展。一方面，"十四五"规划纲要提出"大力发展绿色经济，加快发展方式绿色转型"；另一方面提出"落实2030年应对气候变化国家自主贡献目标，制定2030年前碳排放达峰行动方案"。碳中和相关政策的推进要求我们构建起清洁、高效、安全的能源体系，完善能源消费总量和强度双控制度，重点控制化石能源消费，提高非化石能源使用量。可以预见，这将会推动"十四五"时期我国绿色经济和绿色能源投资的蓬勃发展。以上分析表明，"十四五"时期关于投资的政策方向已经十分明确，新基建、绿色经济、人工智能等领域将成为投资的重点项目。在今后的一段时间内，新基建、新能源等一系列新兴技术产业将受到政府的大力支持，创新和科技发展将成为投资的重点关注领域。新型基础设施建设有助于促进消费、改善民生，并通过这些基础设施建设为盈利性的社会投资提供更加良好的经营环境。"十四五"规划纲要中特别指明了要发挥市场的主导作用，这意味着社会资本将有较多投资机会。

### 5. 房地产市场对投资和经济增长的拖累效应减弱

伴随疫情积压的购房需求释放、"保交楼"推进、房企融资"三支箭"等维稳政策效果显现、各地出台的多项需求刺激政策落地，中国房地产行业销售、融资、投资等多项指标短期回暖，但分化依然显著，对经济的拖累有所减弱，国房景气综合指数连续回升至2023年4月的94.77，5月略微下滑至94.56。从长期来看，受人口结构变化与城镇化增速放缓等多方面因素影响，房地产行业正逐步从供不应求转向供需结构性调整阶段，结构性失衡与风险暴露下行业面临较大转型压力。考虑到房地产业在国民经济中的地位，短期内其仍然是影响经济增长的重要变量之一。

2023年以来，伴随前期积压需求释放、维稳政策效果显现，中国房地产行业销售、融资、拿地、投资均有所回暖，但分化依然显著。销售层面，政策支持下疫情积压需求快速释放带动销售回升，区域分化进一步加剧。2023年1—5月，全国商品房销售面积累计同比为-0.9%，销售额累计同比为8.4%，其中，东部地区销售修复更快，商品房销售面积同比增长5.2%，销售额同比增长14.9%，均高于中部和西部地区；热点城市周期性恢复动能更强，对全国市场产生了一定带动作用，如北京、成都等地二手房销售大幅回升，杭州、天津成交面积增长超100%。济南、南昌、东莞等城市同比增长超50%，整体来看，当前市场活跃度回升更多为人口净流入较多的热点城市市场的修复，全国市场尚未全面恢复。此外，2023年1—4月现房、期房销售面积同比增长分别为19.6%、-4.3%，销售额同比增速分别为22%、6.6%，说明当前居民对房地产的信心仍有待提升，4月以来销售活跃度出现下滑，销售面积和销售额当月同比走弱，经济预期偏弱下居民购房意愿较低，后续销售恢复压力仍存。

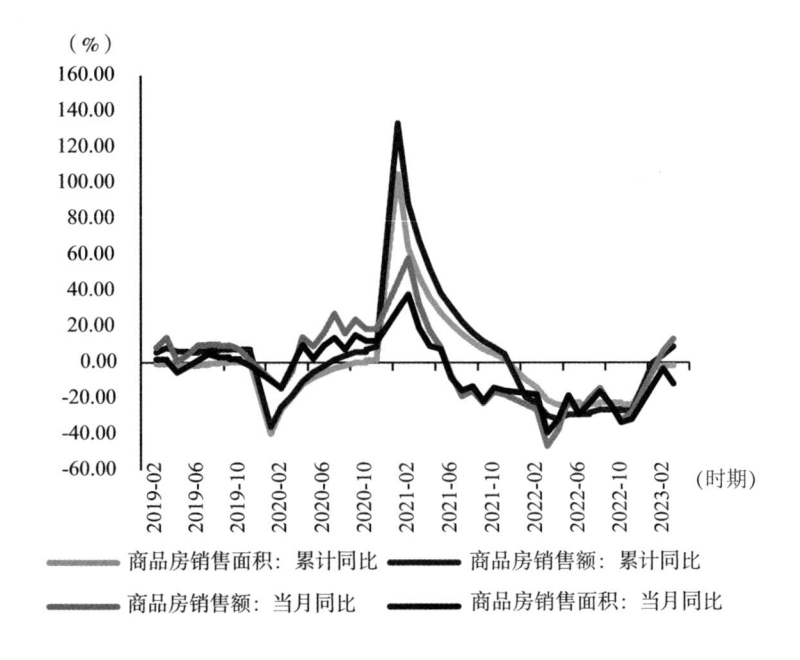

**图 3-6 2023 年 1—5 月房地产销售边际回暖**

资料来源：国家统计局，中诚信国际数据库。

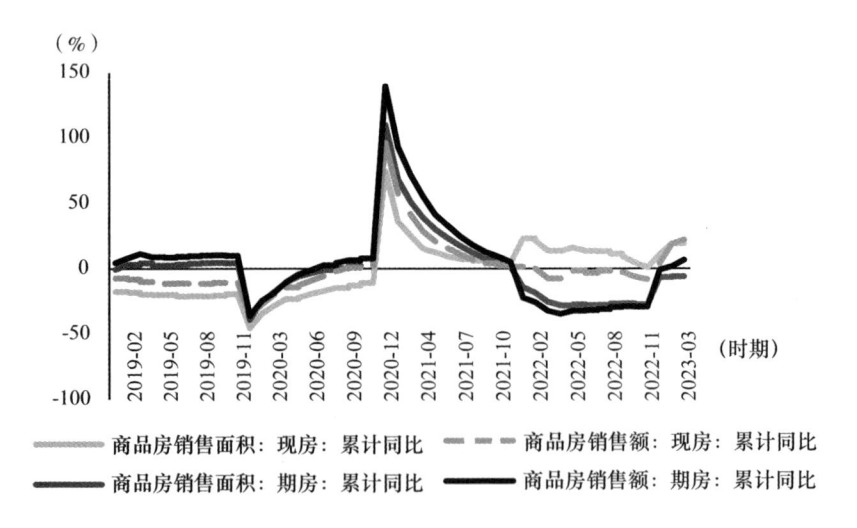

**图 3-7 现房销售改善程度明显优于期房销售**

资料来源：国家统计局，中诚信国际数据库。

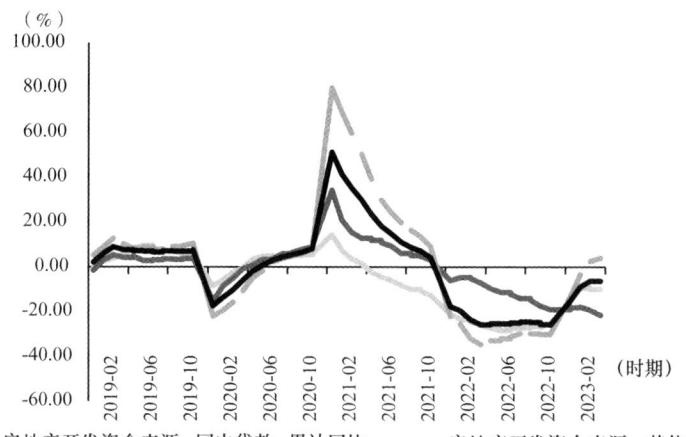

第三章　继续夯实复苏基础的 2023 年下半年中国宏观经济 | 71

**图 3－8　房地产开发资金来源边际改善**

资料来源：国家统计局，中诚信国际数据库。

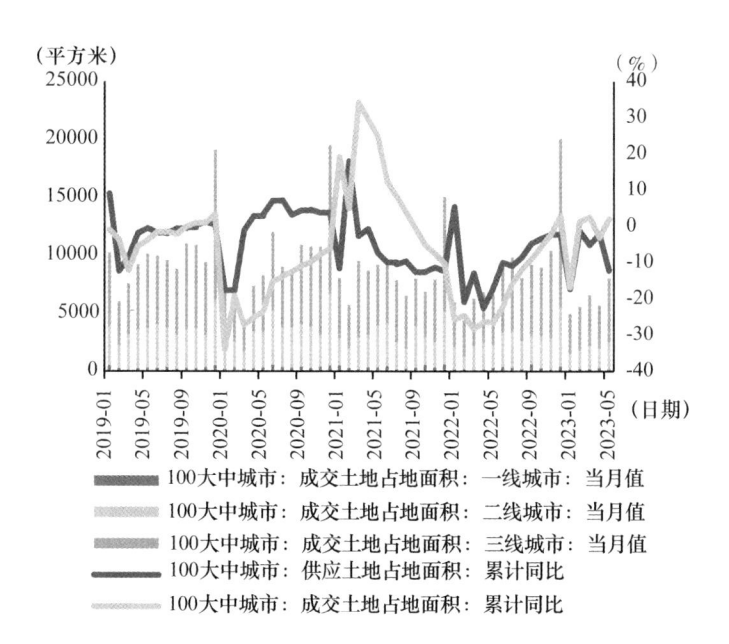

**图 3－9　土地市场分化有所加剧**

资料来源：国家统计局，中诚信国际数据库。

在融资层面,"三支箭"等政策推进下房企融资边际改善,优质房企获得支持力度较大。2023年1—5月,房地产开发资金来源累计同比为-6.6%,较2022年跌幅明显收窄19.3个百分点。从资金来源看,国内贷款同比从2022年的-25.4%上升至-10.5%;其他主要资金来源同比跌幅收窄,但占房企资金来源主体的自筹资金同比跌幅扩大至-21.6%,说明企业资金面持续承压,现金流面临较大挑战。在"改善优质房企资产负债表"政策支持下,央国企和优质民营房企融资环境改善优于其他房企。从信用债融资看,2023年1—5月国企债券发行规模占比进一步上升至91.24%。

在拿地层面,土地市场整体低迷下民营企业拿地参与度有所提高。2023年以来土地供应面积进一步下降,100大中城市土地供应面积累计同比下降12.1%,跌幅较2022年的-2.2%持续扩大,一、二、三线城市累计同比增速分别为-9.9%、-17.7%和-9.6%;土地成交面积累计同比增加2.1%,其中一、二、三线城市同比增速分别为15.2%、-4.9%和4.9%,土地市场分化加剧。根据中指研究院的统计,2023年1—5月TOP 100房企中民营房企拿地金额占比从2022年的10%提高至36%。

2023年第一季度,房地产开发投资降幅明显收窄后,4月以来降幅再度扩大,建安投资对经济支撑作用或有所提升。2023年1—5月,房地产开发投资完成额累计同比增速为-7.2%,较2022年年底回升2.8个百分点,房地产新开工面积累计同比为-22.6%,较2022年年底提升16.8个百分点,综合考虑商品房销售同比领先新开工面积一年左右以及100大中城市土地成交面积同比领先新开工面积半年左右，预计新开工面积或于2023年年底触底反弹。在"保交楼"等政策推动下，2023年1—5月竣工面积累计同比增速大幅回升至19.6%，施工面积同比降幅收窄至-6.2%，助力建安投资持续改善。根据新开工面积同比（12个月移动平均）领先竣工面积同比（12个月移动平均）三年左右，测算2022年约有2.3亿平方米（应竣工但未竣工面积）商品房延期竣工，按每平方米2500元的建安成本计算，相关项目保交楼可拉动建安投资约5700亿元。在建安投资的支撑下，预计2023年房地产对中国经济的拖累将明显弱于2022年。

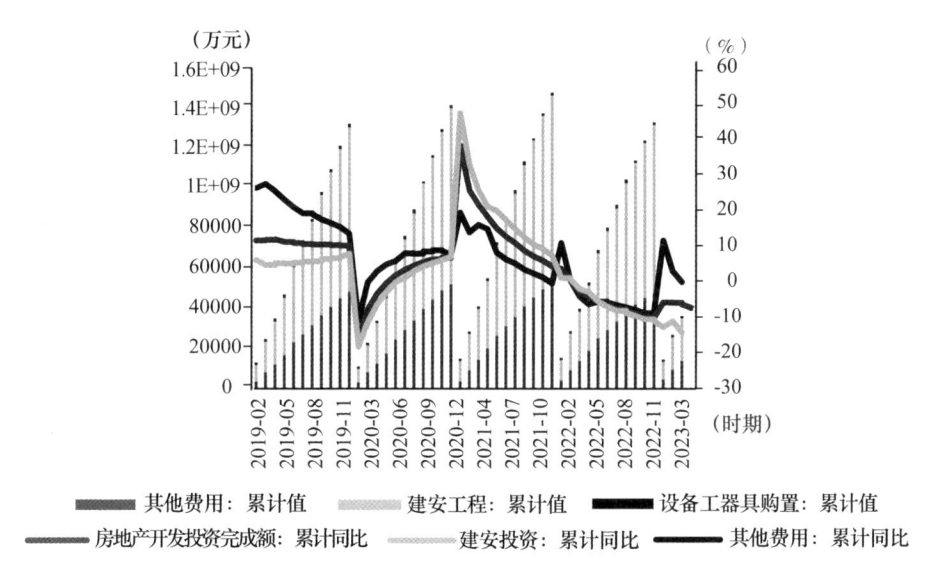

**图3-10 房地产开发投资降幅小幅收窄**

说明：数字超过11位，转换为科学计数法表示，即使用"E"表示10的幂次。

资料来源：国家统计局，中诚信国际数据库。

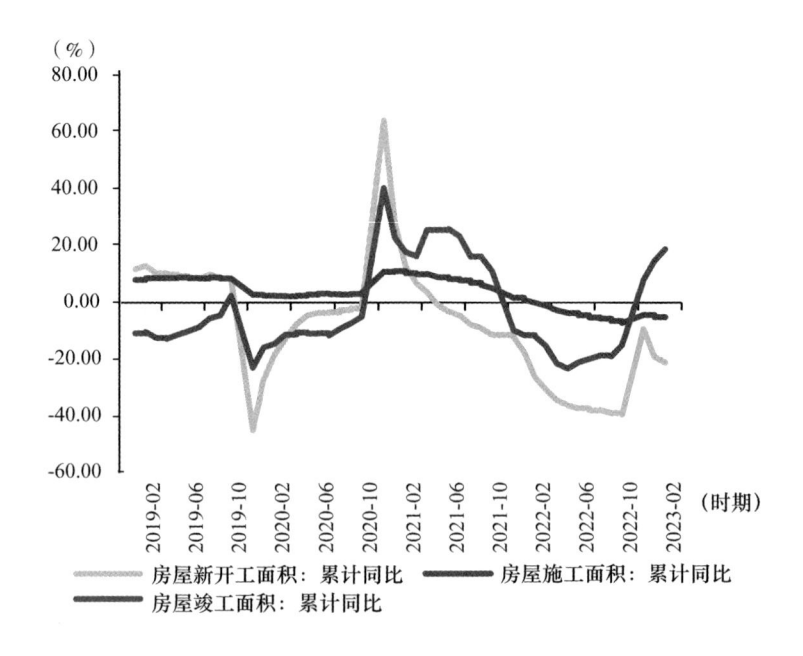

**图 3-11　竣工面积同比增速大幅转正**

资料来源：国家统计局，中诚信国际数据库。

在经济动能转换过程中，房地产仍是经济增长的重要支撑。考虑到房地产业具有产业链条长、上下游行业多、金融关联强等特征，是国民经济系统性重要行业，未来房地产仍将在经济增长中发挥重要作用。住房市场化改革以来，房地产增加值占GDP的比例逐步提高，2022年略微下滑至6.1%，考虑建筑业后，广义房地产占GDP比例为13.0%；2022年房地产对GDP增长的贡献率由正转负，大幅下滑至-5.6%，广义房地产对GDP贡献率下降至2.0%，严重拖累2022年经济增长。2023年第一季度，房地产增加值占GDP比例为6.8%，广义房地产占GDP比例为11.6%，假设2023年GDP增长率达到目标值5%、房地产占GDP比例为6.5%、建筑业占 GDP 比例为 7%①，则预计 2023 年房地产对 GDP 增长的贡献率将达到 14%，广义房地产对 GDP 增长的贡献率或达到 23%。根据国家统计局发布的 2020 年投入产出表，可以获得房地产直接（完全）拉动系数，以及各部门中间使用。通过计算房地产业拉动的各行业中间使用占该行业总中间使用比例，估算出房地产业拉动的各行业 GDP。2020 年，房地产直接拉动上下游行业 GDP 规模为 3.61 万亿元，占 GDP 的 3.5%，广义房地产（包含住宅房屋建筑）完全拉动上下游产业 GDP 规模为 14.62 万亿元，占 GDP 的 14.4%。以 2020 年投入产出系数估算 2023 年房地产对 GDP 的拉动规模，预计 2023 年房地产直接拉动上下游行业 GDP 规模为 4.45 万亿元，广义房地产完全拉动上下游产业 GDP 规模为 18.30 万亿元。

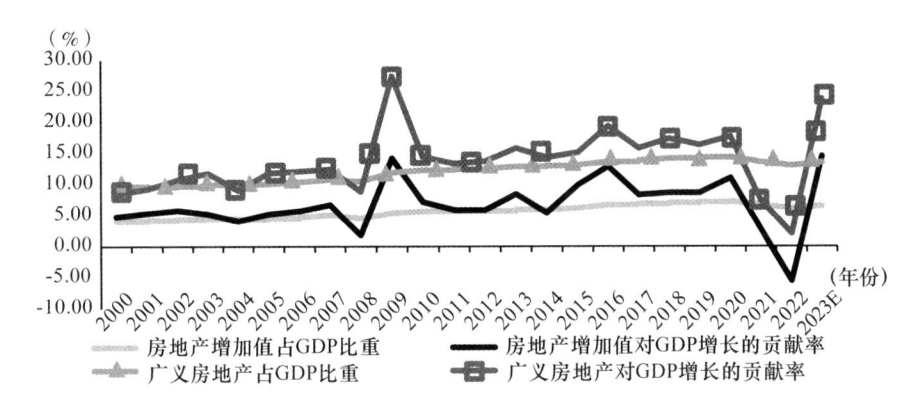

**图 3-12　2000—2023 年房地产增加值占 GDP 比例及对 GDP 增长的贡献率**
资料来源：Wind，中诚信国际数据库。

从房地产开发投资看，房地产开发投资完成额占固定资产投资完

---

① 根据历史规律，第一季度房地产占 GDP 比重在年内居高位，建筑业占 GDP 比例在年内居低位，考虑到 2017 年以来建筑业占 GDP 比例稳定在 7% 左右，因此，假设 2023 年建筑业占 GDP 比例仍为 7%，房地产占 GDP 比例略微下调至 6.5%。

成额的比例基本维持在20%左右，2022年达到23.2%，但对投资增长的贡献率下降至-53.3%。由于土地购置费不计入固定资产形成总额，扣除土地购置费后，2022年房地产开发投资占固定资产形成总额的比例下降3个百分点至18.5%。2023年第一季度，房地产开发投资完成额占固定资产投资完成额的比例为24.2%，扣除土地购置费后，房地产开发投资占固定资产形成总额的比例为18%，假设2023年固定资产投资完成额增速为5.5%、房地产占比为22%[①]，则2023年房地产对投资的贡献率将大幅提高至-0.3%，对投资的拖累明显减弱。拉动投资方面，2020年广义房地产完全拉动的相关投资规模共22.2万亿元，占当年固定资产投资完成额的42.8%。假设2023年此比例不变，则广义房地产完全拉动相关投资规模将达到25.7万亿元。

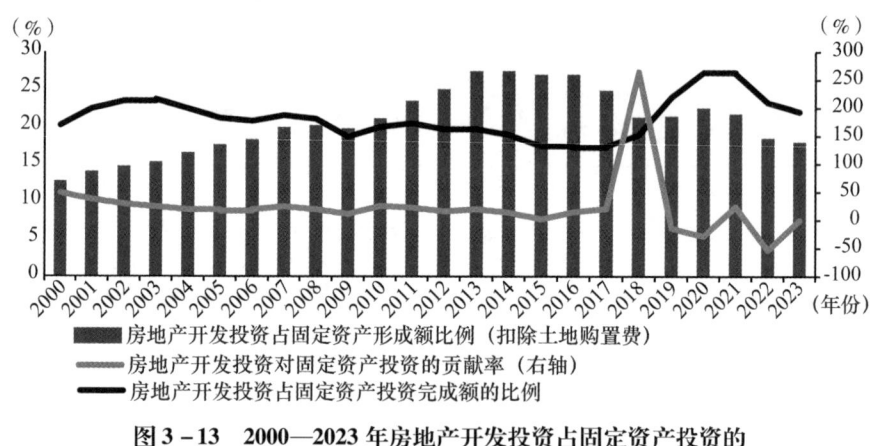

**图3-13 2000—2023年房地产开发投资占固定资产投资的比例及对投资增长的贡献率**

资料来源：Wind，中诚信国际数据库。

---

① 根据房地产占固定资产投资增速的比例月度变化规律，全年占比要低于第一季度占比，因此假设全年房地产投资占固定资产投资的比例较第一季度的24%下降至22%。

## 二 六大短期风险点

在从恢复性增长向扩张性增长转变的过程中,中国经济还面临诸多的短期风险和中长期挑战,需要更好地发挥政策合力,找准确点,在改善微观基础、市场预期、运行模式和外部环境等方面持续发力。我们判断,2023年下半年中国经济复苏主要面临以下六大短期风险点。

### 1. 宏观政策力度不足或提前回撤导致下半年复苏进程中断的风险

本轮经济复苏需要经历社会秩序与交易修复阶段、资产负债表修复阶段、常态化扩展阶段三个不同阶段并完成阶段转换,目前正处于第一阶段向第二阶段转换的关键期。然而,核心宏观调控部门的政策空间收窄,具有收紧政策力度甚至提前回撤的内在动力。在2021年中国经济复苏过程中,有过这样的经验和教训:在低基数效应下,2021年上半年经济增速(13%)远超全年增长目标(国内生产总值增长6%以上),从2023年年中开始,各类宏观政策全面收紧、各类其他政策密集推出,导致经济形势急转直下,2021年年底陷入"三重压力"。2023年设定的经济增长目标实际上较低而且富有弹性，在低基数效应下，2023年上半年经济增速（预计6%—7%）将再次超过全年增长目标（国内生产总值增长5%左右）。因此，2023年是否会再次出现宏观政策提前回撤的情况，关系到整个复苏进程。

政策过早回撤的教训。2023年与2021年的相似之处在于，由于前一年（2020年和2022年）上半年的基数极低，造成上半年经济同比增速极高，带来经济已经复苏的假象，掩盖了微观基础还很脆弱的事实。而在政策空间收窄的背景下，各单位各部门可能会出现政策提前回撤或回撤力度过大的现象，导致下半年的复苏进程中断。2021年年初，政府将GDP增长目标设定为"6%以上"，然而由于低基数效应，2021年上半年中国实际GDP增速达到13%，远超年初目标，因此，从2021年年中开始，各项宏观政策开始明显回撤，各项结构性调整政策开始层层加码，结果导致中国经济形势急转直下，2021年第三、第四季度增速急速回落至5.2%、4.3%，尽管全年经济增速依然达到8.4%，远超2021年年初目标，但是2021年年底中国经济发展开始面临需求收缩、供给冲击、预期转弱三重压力，直到目前仍然没有完全解决。2023年年初，政府将GDP增长目标设定为"5%左右"，由于低基数效应，2023年上半年中国实际GDP增速预计达到6%—7%，再次超过年初目标，但中国经济的微观基础实际上还比较脆弱。因此，中国宏观政策的力度和节奏将对中国经济复苏和微观基础修复再次形成重大考验。

政策提前回撤的压力。不同于疫情之前的多轮经济周期，2023

年传统宏观政策的空间已经在过去三年多消耗大半,各类政策刺激的效率也有所衰减。一是降息降准大幅度缩小了货币政策空间,且随着美联储连续加息至历史高位,为减缓资本外流和人民币贬值压力,货币政策已趋于保守。二是持续的高赤字和地方政府债务率高企大幅缩小了财政政策空间。三是由于房地产市场的低迷,地方政府性基金收入同比大幅下降,基金支出的扩张空间受限。四是狭义就业稳定政策在过去三年中已经应出尽出,事实上已经造成了就业质量下降和灵活就业泡沫等问题。在此背景下,各类宏观调控政策空间逼仄,各相关部门具有提前回撤政策的客观压力和主观意愿。

第一,在财政政策方面,综合当前中国政府杠杆率水平来看,地方债务压力上扬但风险依旧可控,稳增长需求下仍有一定扩容空间,但在央地财政关系仍未完全理顺、地方财政收支持续承压、政府"债务—资产"转化效率不高的背景下,债务总量扩张将进一步推升财政偿还风险,巨大的付息规模也已成为地方财政预算的硬约束,对中长期财政可持续性提出更大挑战,制约未来财政政策的实施。此外,在隐债加速化解中结存限额用于稳增长的空间也面临被挤压,积极财政进一步发力空间亦受限。具体表现在以下几方面。

一是财政可持续性走弱且债务增速与财力增速不匹配,存量与增量之间面临失衡。近年来经济下行压力不断加大,大规模减税降费等措施陆续落地,宏观税负持续下行,2022年全国一般公共预算收入与GDP之比为16.83%,税收收入与GDP之比为13.77%,为2015年以来最低水平。与此同时,地方财政收入与债务增速缺口不断扩大，仅考虑显性口径的债务增速为15.07%，远高于一般公共预算收入（-2.03%）及全国政府性基金收入（-21.48%），债务与财力间的增速差距进一步加大，且地方政府债务率已跃升至警戒线水平，分子端债务扩容与分母端财力削减之间的矛盾进一步凸显，不利于地方财政的长期可持续。后续财政政策的发力，如赤字率、地方新增限额等的制定，需以可持续发展为核心，综合考虑经济增长、负债结构和风险间的平衡，以及政府短期目标和中长期目标间的平衡。

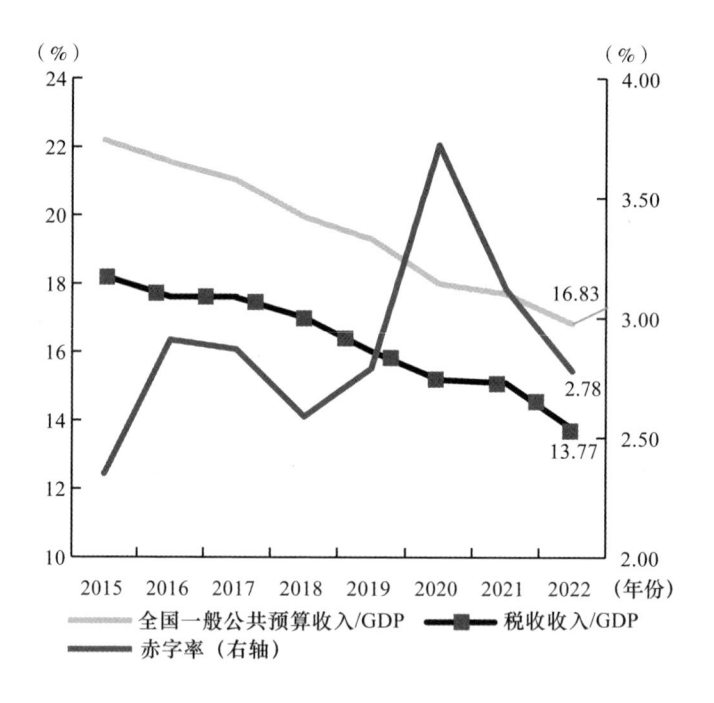

图3-14 财政可持续性水平有所减弱

资料来源：Wind，中诚信国际区域风险数据库。

## 第三章 继续夯实复苏基础的 2023 年下半年中国宏观经济

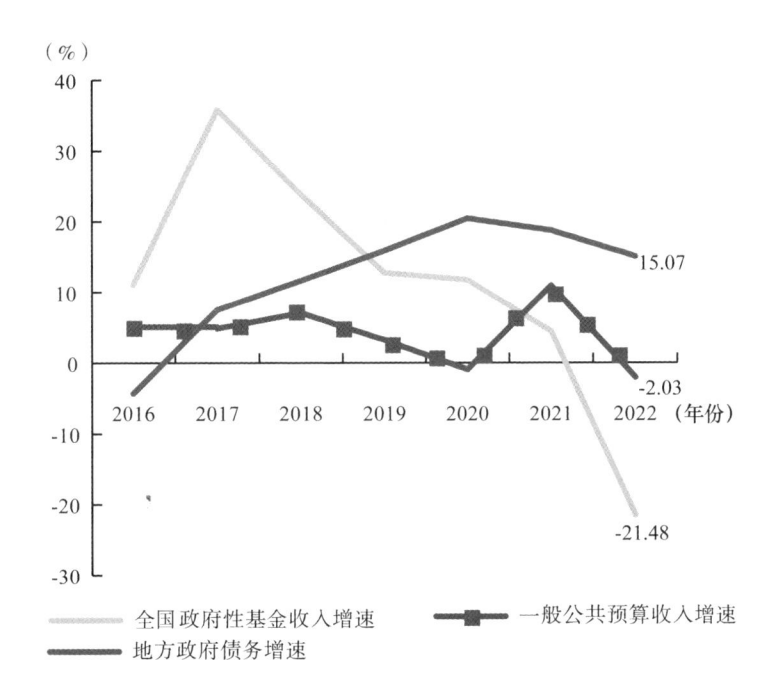

**图 3-15 地方政府收入与债务增速缺口扩大**

资料来源：Wind，中诚信国际区域风险数据库。

二是债务付息压力持续加大，成为当前地方财政预算及政策发力的硬约束。稳增长下新增地方债的大幅扩容、地方债到期依赖再融资债借新还旧、隐性债务显性化持续推进，均不可避免地推升地方财政债务付息压力。据中诚信国际测算，2022 年地方债财政资金还本付息额共计 15059 亿元，其中付息 11211 亿元，占地方广义财政支出的 3.4%，较 2015 年抬升 3 个百分点；有 11 个省份将超过 10% 的财政收入用于地方债付息，如果考虑隐性债务部分，付息支出将进一步攀升，大规模的债务付息已成为新形势下地方财政的刚性支出。值得注意的是，在有限财力内过高的付息压力还将挤压"三保"等基本支出，尤其是在专项债项目收益难以还本付息时，部分一般公共预算资金或被挪用偿付，一定程度上加大了地方"三保"压力，影响财政可持续性。因此，在财力下滑叠加"债务—资产"转化不足的背景下，后续财政政策的实施及预算制定需首要考虑巨大的付息成本及后续利率风险。

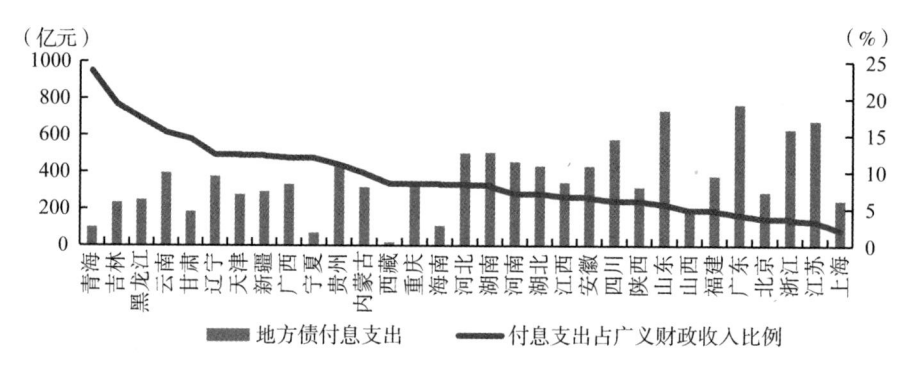

**图 3-16  2022 年 11 个省份将超过 10% 的财政收入用于地方债付息**
资料来源：Wind，中诚信国际区域风险数据库。

三是地方债务结存限额空间相对有限，防风险需求下积极财政发力面临制约。地方政府债务除新增限额外，还可依法盘活未使用的结存限额，用于偿还存量债务或项目建设，例如 2022 年第四季度为支撑跨年度基建投资及经济增长，财政部依法盘活 5000 亿元专项债结存限额用于项目建设。财政部数据显示，截至 2022 年年末，全国未使用的地方债务限额空间接近 2.6 万亿元，超半数省份使用比例低于 95%，部分地区使用比例低于 90%。考虑到当前隐性债务存量规模仍较大且风险不容忽视，其化解将不断加码，在债务显性化加速推进中，结存限额或主要盘活用于发行偿还存量债务的再融资地方债，如

## 第三章　继续夯实复苏基础的 2023 年下半年中国宏观经济

重启建制县化债试点、隐债清零试点等，用于项目建设的部分或面临一定挤出，积极财政利用结存限额发力的空间受限。

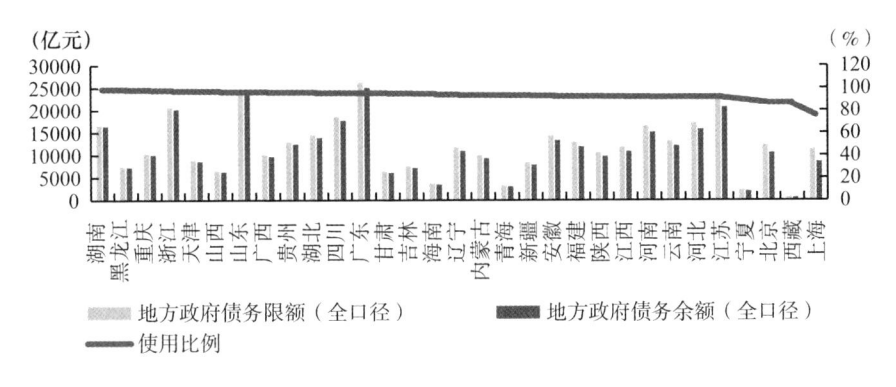

**图 3-17　2022 年超半数省份债务限额使用比例低于 95%**

资料来源：Wind，中诚信国际区域风险数据库。

第二，在货币政策方面，央行格外珍惜降息降准的空间。2019年 12 月至 2023 年 5 月，中国人民银行通过多种政策工具，引导 1 年期贷款基准利率（LPR）先后分 4 次累计下调了 0.5 个百分点至 3.65%，足见央行极度重视现有的降息空间，认为利率水平已经足够低。相比于价格工具的稳定，央行积极动用了数量工具。2019 年 12 月至今，M2 增速和社会融资规模存量增速大幅波动；2022 年下半年以来，M2 增速持续保持在 12% 左右高位，2023 年 2 月最高，达到 12.9%，随后逐步下降至 2023 年 5 月的 11.6%。在量、价两方面的引导下，2019 年第四季度至 2023 年第一季度，金融机构人民币贷款加权平均利率累计下降 1.1 个百分点至 4.34%；其中，一般贷款利率和个人住房贷款利率分别累计下降 1.2、1.5 个百分点至 4.53%、4.14%。

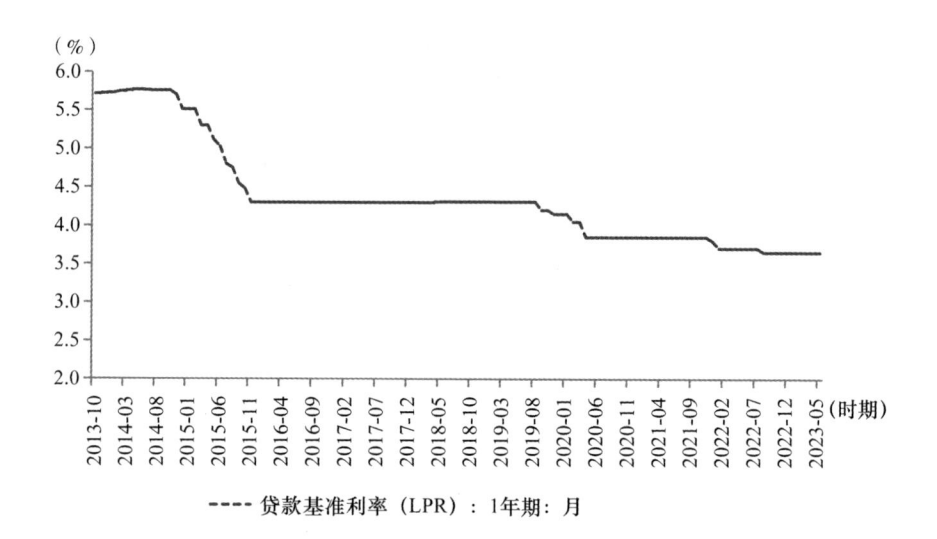

图 3-18 中国贷款基准利率（LPR）走势

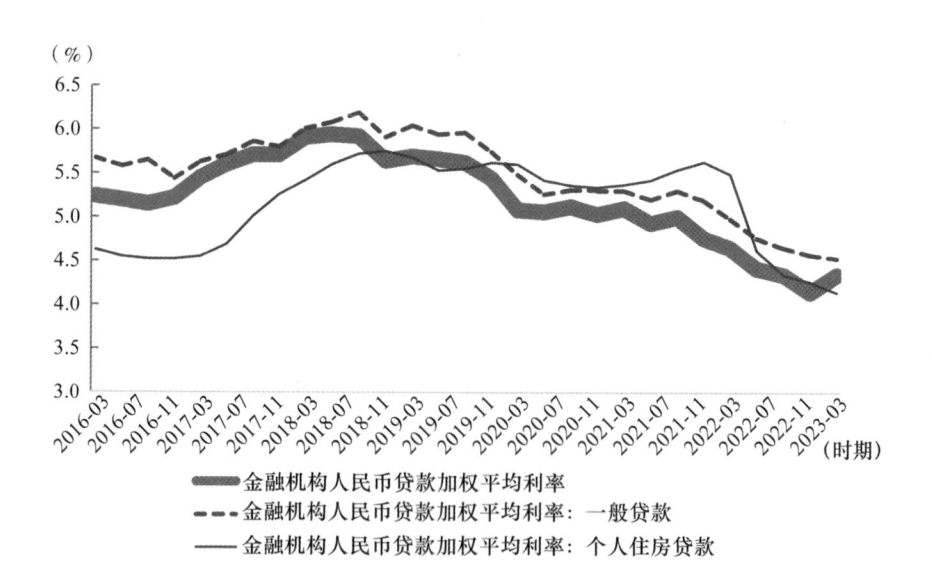

图 3-19 中国贷款市场利率走势

# 第三章　继续夯实复苏基础的2023年下半年中国宏观经济

然而，在稳健货币政策操作下，"社融—M2增速差""M1—M2增速差"持续保持较大的负向缺口，表明投融资需求不旺、市场交易不活跃、活期存款定期化，反映了市场主体对未来的悲观预期，经济景气度较低。受市场信贷需求内生回落的影响，2023年5月社会融资规模存量同比增速下降至9.5%，持续显著低于M2增速。尤其是4月、5月当月，社会融资规模增量及其中的新增人民币贷款，大幅低于预期。同时，M1同比增速持续下降，5月为4.7%，究其原因，一方面是市场预期尚未走出低迷状态，企业生产性投资、居民消费支出的保守化倾向严重，需要更大力度的政策刺激才能产生效果；另一方面则是货币政策传导效率下降，政策面到实体经济面传导效率较低。

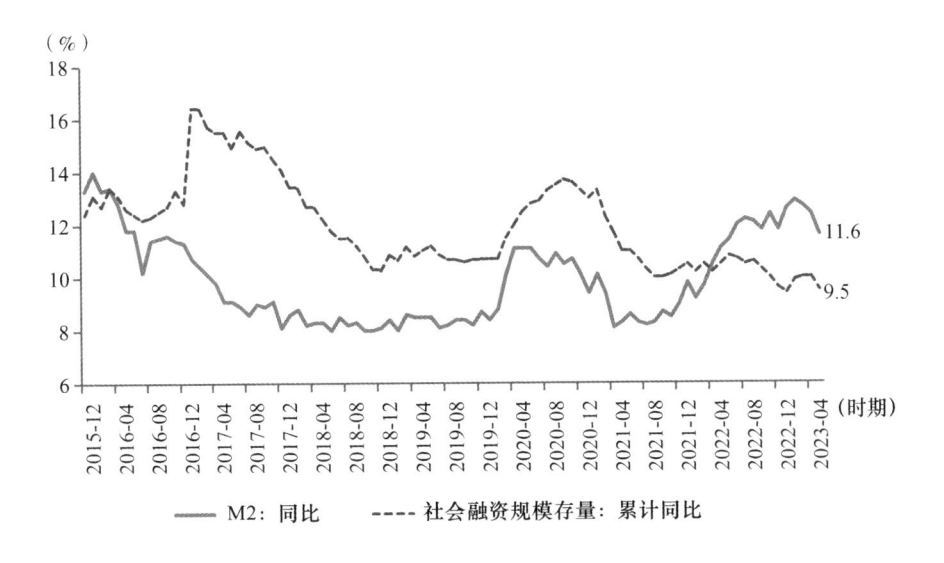

图3-20　中国M2和社会融资规模存量同比增速

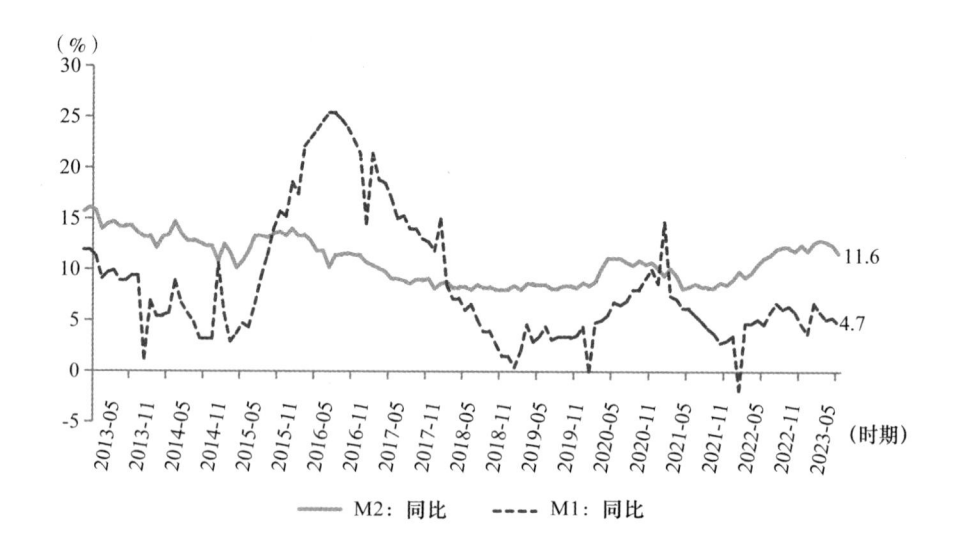

**图 3–21 中国 M2 和 M1 同比增速**

传导渠道不畅的具体原因包括金融市场分割、商业银行等问题，最为核心的是，目前货币政策传导中没有了"增长锚"，导致货币政策传导效率低。货币政策通过向市场提供流动性影响总需求从而稳定经济，但是在传导过程中并不是均匀地向所有市场提供资金的。所有国家在货币政策执行过程中，都会首先向某些主体、某些市场注入资金，然后从这些主体和市场通过经济活动的相互联系向其他主体和市场传导流动性。因此，提高货币政策执行效率，关键是分析国家总需求结构，根据不同的总需求结构，设计不同的货币政策执行方式。过去我国长期在以外需为主的背景下，货币政策在固定汇率和强制结售汇制度下，基本上和外汇收支绑定。出口带动外汇收入，外汇收入结汇换成人民币带来货币投放，货币投放带来企业信贷等增长，促进企业生产出口，带来更多外汇收入。货币政策和出口的紧密捆绑产生了一种正循环，外汇收入成了货币政策发力的"锚"。这个"锚"又和总需求密切相关，极大促进了中国经济增长。2012年以后，中国取消了强制结售汇制度，在自愿结售汇制度下，货币政策的这种"锚"机制尽管还是存在的，但是相对而言减弱了。更为主要的是，出口对经济增长的拉动作用逐渐降低，外汇占款不断下降。伴随着中国构建新发展格局，总需求中内需占比更大。这种需求结构会带来两方面变化。首先，结合数字化技术发展导致产业链不断延伸，分工不断复杂化，以产业链补短板、进一步分工为基础的经济新动能会带来中小企业数量大量增加。可以看到，中国在过去十年，市场主体大幅度增加。但是从货币政策角度，中小企业因为面临信息不对称等问题，信贷投放与原有结售汇机制这种强抵押品不可同日而语，导致货币政策投放效率不断下降。以银行为代表的金融机构将资金更加集中在大型企业和有抵押品的房地产行业，与日益增加的中小企业联系还不够紧密。其次，家庭金融需求加大。内需中消费的作用会更加重要，与之对应的家庭在融资需求方面更加个性化，与原有批量式信贷发放模式之间存在差异。综合以上两方面变化，货币政策对经济增长新动能支撑力度并不充分，与经济增长的联系逐渐削弱。

总之，尽管稳健的货币政策精准有力，但总体来看，货币政策的实施效果仍显不足，信贷增速不及预期，从政策面到经济面的传导不畅。主要原因在于，随着中国经济循环模式的变化，基础货币投放从外汇占款转向人民银行投放，货币政策没有了"增长锚"，无法有效将货币供应量和社会融资规模增长转化为经济增长的动力。在"双循环"新发展格局下，需要重塑货币政策"增长锚"，可考虑以普惠金融为基础，以常态化再贷款投放为重点予以实施推进。面对中国总需求结构变化以及与之相伴的产业结构和企业结构变化带来的融资结构变化，货币政策需要在落实好2023年政策安排的基础上，从以下三方面进一步发力，提升货币政策效果。

一是加大降准力度。在中国货币投放机制已经发生变化的背景下，央行在利用降准工具方面存在较大空间。2023年年初以来，央行全面降准一次，下调25个基点。目前，中国大型存款类金融机构人民币存款准备金率为10.75%，中小型存款类金融机构为7.75%，相比于很多新兴市场国家仍然偏高。如果将时间窗口拉长来看，中国存款准备金率并非一直都这么高，在中国出口及外汇占款起飞之前，存款准备金率实际上低于目前水平，最低时（1999年11月20日至2003年9月20日）仅为6.0%，此后才开始持续上升，上升周期主要是在2003年9月至2008年6月。

二是通过数字技术等加强普惠金融建设，为货币政策传导提供"基础设施"。面对需求变化下中小企业和家庭融资需求上升，需要进一步建设普惠金融，从而能够覆盖更多企业和家庭。普惠金融建设中需要解决信息不对称问题，数字技术在传统的抵押品机制上提供了更多的选择。

三是将再贷款常态化为信贷支撑工具，通过购买或支持商业银行发放贷款，成为人民银行的常规化资产负债表工具。为了提供以普惠金融为导向的货币政策的"锚"，需要进一步从中央银行的资产负债表工具入手。传统上外汇作为"增长锚"就是典型的资产负债表工具。由于资产负债表工具弱化，在中国经济发展进入新常态、信贷需求疲弱的背景下，人民银行资产增速周期项时常为负。同时，央行近十多年来的政策创新工具基本被束之高阁。常备借贷便利（SLF）、中期借贷便利（MLF）、定向中期借贷便利（TMLF）、抵押补充贷款（PSL）等余额，要么早已归零，要么处于收缩状态。

## 2. 房地产市场和汽车市场共振造成较大短期下行压力的风险

第一，从先行指标和深层次矛盾来看，房地产市场依然存在超预期调整的可能，短期内对投资和消费产生负向溢出效应。

2023年上半年，房地产市场的短期企稳回暖带动了投资和周边消费的复苏。2023年1—5月，商品房销售额同比增长8.4%，而2022年同期和全年分别下跌31.5%和26.7%；商品房销售面积同比下跌0.9%，而2022年同期和全年分别下跌23.6%和24.3%。然而，从边际上来看，2023年4月以来，房地产复苏的动力已经明显减弱，这可能预示着相关领域的压力将在年中及下半年重新抬头。

特别是从先行指标看，2023年1—5月，房屋新开工面积同比下跌22.6%，跌幅相比于第一季度不仅没有缩小，反而扩大了3.4个百

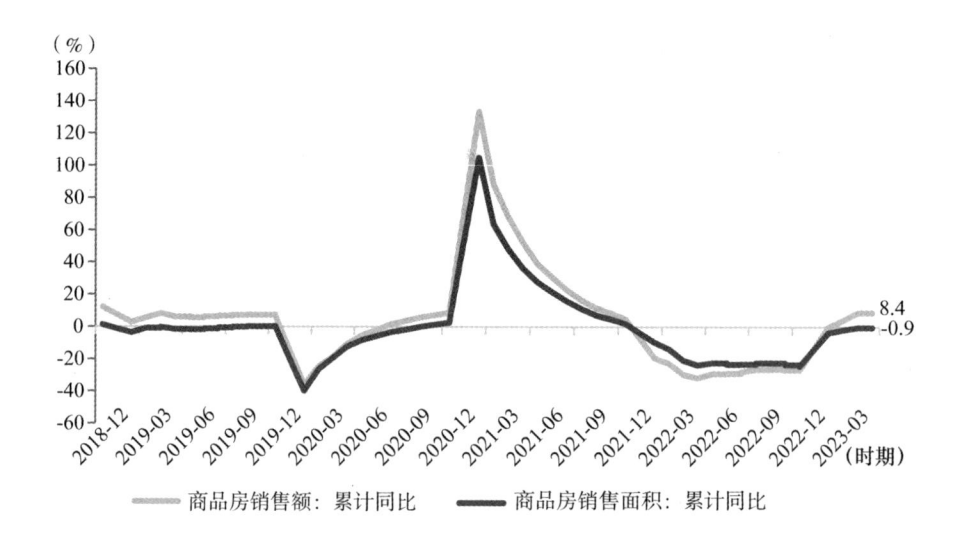

图 3-22 房地产市场销售变化情况

分点。1—5 月，房地产开发投资同比下跌 7.2%，跌幅也较一季度扩大了 1.4 个百分点。1—5 月，房地产开发资金来源同比下跌 6.6%，跌幅也较 1—4 月小幅扩大，且下跌本身就意味着房企资金紧张的局面依然在持续。因此，尽管上半年房地产销售总体企稳，但由于深层次问题并没有得到解决，年中仍将是重要拖累因素。

事实上，本轮房地产政策调整也难以从根本上扭转房地产市场持续下滑的局面，因此房地产市场存在再次恶化的可能。其一，与以往房地产市场周期性变化不同的是，本轮房地产市场是各类基础性结构参数（人均住房存量、适婚人群数量、城镇化进程、居民债务率等）都发生拐点性变化带来的产物，而非单纯政策变化的产物。因此，本轮房地产政策的放松难以对冲房地产市场的结构性大调整。其二，房

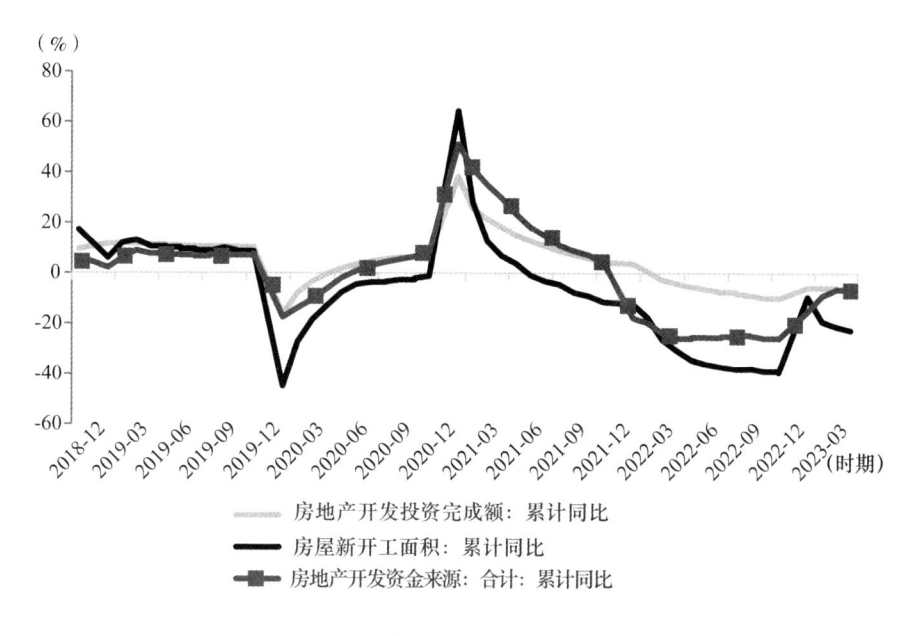

图 3-23　房地产市场投资变化情况

地产开发企业在基础环境变异的冲击下，经营模式发生巨大的调整。过去十多年风行的"高债务—高杠杆—高流转"模式不可持续，大部分房地产企业都在进行经营模式的转变，特别是大部分头部房地产企业在去金融化中面临阶段性危机调整，短期难以回归到常态化经营之中。其三，"房住不炒"战略定位及其相关土地制度、监管体系改革的出台决定了房地产市场处于性质转型的过渡期。其四，房地产"价格—预期"正反馈机制在调整期依然存在，价格下滑引起需求预期恶化，进一步引发价格的下滑，这种强化机制已经被触发，特别是在家庭部门资产负债表尚未充分修复阶段，需求预期本就十分低落。

从行业发展长周期来看，房地产行业步入周期性拐点阶段，结构性失衡与风险积累问题突出。首先，受人口结构变化与城镇化发展放缓等因素影响，房地产行业正从供不应求阶段转向供需结构性调整阶段。一方面，人口老龄化、少子化趋势加速，主力置业人群占比下降，叠加城镇人口增速明显放缓，结婚人数持续下降，购房需求接近见顶，带动房地产行业潜在增速下行。2022年，65岁及以上人口占全国人口比例达到14.9%，同时出生率持续下行至6.77‰，总和生育率降至1.2，低于全球大部分国家；中国结婚登记量自2014年开始连续9年下降，2022年仅683.3万对，为2013年结婚人数峰值1346.9万对的50.7%，创1980年以来的最低值；20—49岁人口作为主力置业人群，规模及占总人口比例自2013年开始波动下行，2020年占比不足50%；城镇人口数量增速自2016年开始下滑，2022年增速大幅下降至0.71%。主力置业人群和城镇人口减少会导致房地产长期需求萎缩，难以继续支撑房市扩容和房价上涨。另一方面，城镇化进程放缓导致增长空间收窄，住房拥有率大幅提高但结构性分化推动房地产行业进入存量结构调整期。2016年以来我国城镇化率增速出现小幅下降，2022年常住人口城镇化率达到65.2%，城镇化发展空间在逐步收缩。与此同时，根据中国人民银行发布的《2019年中国城镇居民家庭资产负债情况调查》，中国城镇居民家庭住房拥有率达到96%，其中10.5%的家庭拥有三套及以上住房，31%的家庭拥有两套及以上住房，有一套住房的家庭仅拥有住宅总量的40%，进一步表明房地产行业进入存量调整时期。

其次，单一的住房供给结构、局部地区房价非理性上涨等进一步加剧供需矛盾，结构性失衡下房地产行业亟须寻找转型突破口。其一，不同能级城市供需结构性失衡加剧，三线、四线城市积压大量库存、房屋空置率较高。据克而瑞统计，2022年年末超过四成城市的狭义库存消化周期（待售面积/近12个月平均成交面积）超过两年，其中一线、二线和三四线城市分别为15.9个月、19.7个月、23.7个月，三四线城市去库存压力较大。根据2022年贝壳研究院公布的《2022年中国主要城市住房空置率调查报告》，住房空置率也随城市能级依次递增，一线城市平均住房空置率为7%，二线城市和三线城市分别为12%和16%。其二，租购比例失衡，未能有效满足居民的多层次住房需求。中国住房市场长期以商品房开发为主，租房市场发展较不完善。"重售轻租"导致购房市场火热，带动房价过快上涨，给中低收入群体、新市民、青年人群体造成较大压力，而租赁市场则存在供应显著不足、质量参差不齐、市场秩序不够规范等问题，特别是一线城市和强二线城市还存在较大的租房市场缺口。其三，受行业不景气、疫情冲击等因素影响，房价整体有所下跌，但部分城市及地区房价仍居高位，局部泡沫仍存[1]。2023年5月百城住宅价格指数同比下跌0.11个百分点，其中一线、二线、三线城市同比增速分别为-0.27%、0.12%、-0.51%；2022年一线城市房价收入比高达24.35，远高于二线和三线城市的11.58和10.09。高房价加大居民购

---

[1] 2022年9月23日，银保监会（2023年3月在银保监会基础上组建国家金融监督管理总局，不再保留银保监会）相关部门负责人表示，房地产金融化泡沫化势头得到实质性扭转。

房压力，特别是一线城市房价收入比居高不下，已成为青年人和新市民安家落户的最大阻碍之一。此外，高房价阻碍集聚经济的进一步发展，同时也对消费形成挤出效应。

最后，房地产行业作为重资产、高杠杆行业，在长期以来的发展过程中累积了大量债务。2022年年末，房地产贷款余额为53.16万亿元，占GDP比例接近50%，其中个人住房贷款余额38.8万亿元。根据中诚信国际粗略估算，中国房地产企业所承担的债务[①]总规模在19万亿元左右。随着房地产债务风险加速释放及蔓延，"高负债、高杠杆"资产布局不佳的房企信用风险呈现较为集中的爆发态势。在供需双双走弱、融资收缩的背景下，预计房地产行业信用分化或将进一步加剧，若后续房企现金流仍未获实质性改善，或持续面临债务连环违约风险，风险蔓延或引发金融系统风险共振。

第二，汽车等大宗消费市场波动加剧，将成为重要不确定性因素。

2023年年初，由于市场需求下滑、汽车库存系数高企，汽车行业率先打响"价格战"，通过大幅降价实现以价换量、薄利多销。2023年第一季度，汽车零售额同比下降2.3%，汽车销量同比下降6.7%，汽车产量同比下降5.1%，汽车制造利润总额同比下降24.2%。2023年1—4月，汽车制造利润总额仅为1123亿元，为近十多年来同期次低水平（仅高于2020年同期）。

在汽车补贴、购置税减免等多项政策组合拳的刺激作用下，近期

---

① 包含房地产开发贷、境内外信用债、信托融资以及房地产ABS。

汽车市场整体好转，但主要是恢复性的，且波动加剧。2023年1—5月，汽车销量累计同比增长11.1%，而2022年同期为负增长12.2%，可见2023年以来汽车销量增长仅仅是恢复性的，尚未达到2021年同期水平，比2021年同期低2.5%。同样的，汽车零售额、汽车产量也呈现如此情况，2023年1—5月分别比2022年同期水平增长8.9%、7.1%，但比2021年同期水平低1.9%、0.6%。考虑到2022年6月实施汽车购置税减免政策后，汽车销售和生产实现迅速反弹，导致下半年的基数较高，如果2023年汽车市场没有实质性恢复，则下半年同比增速将出现剧烈下滑。

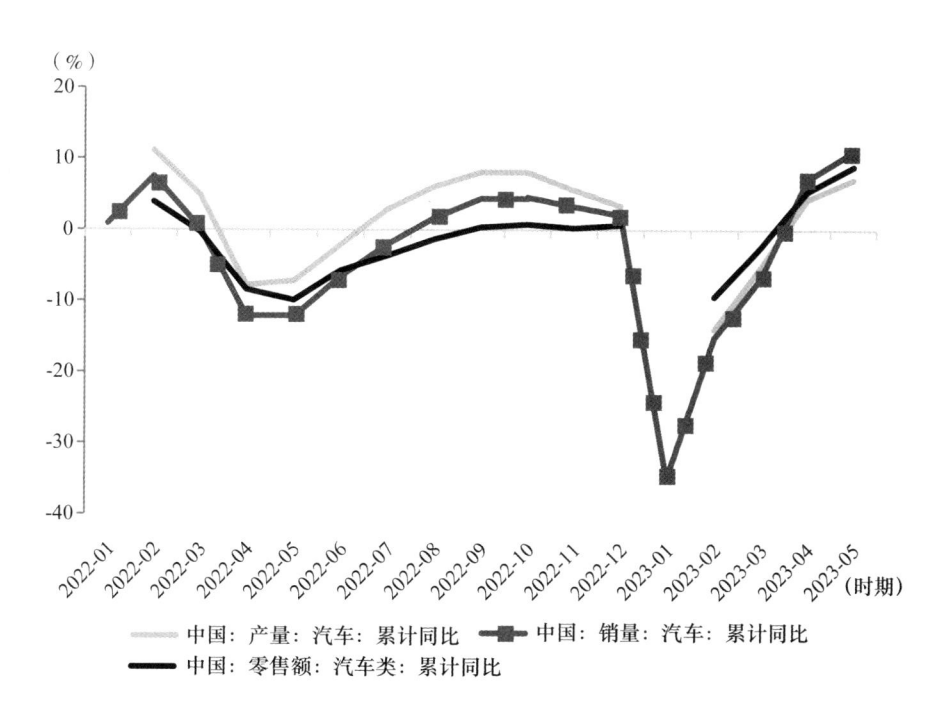

图3-24 汽车市场运行情况

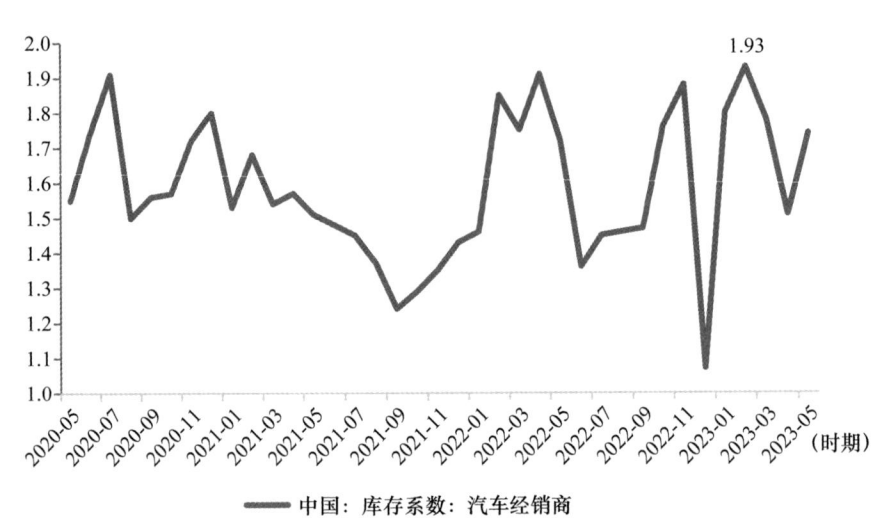

图 3-25 汽车库存变化情况

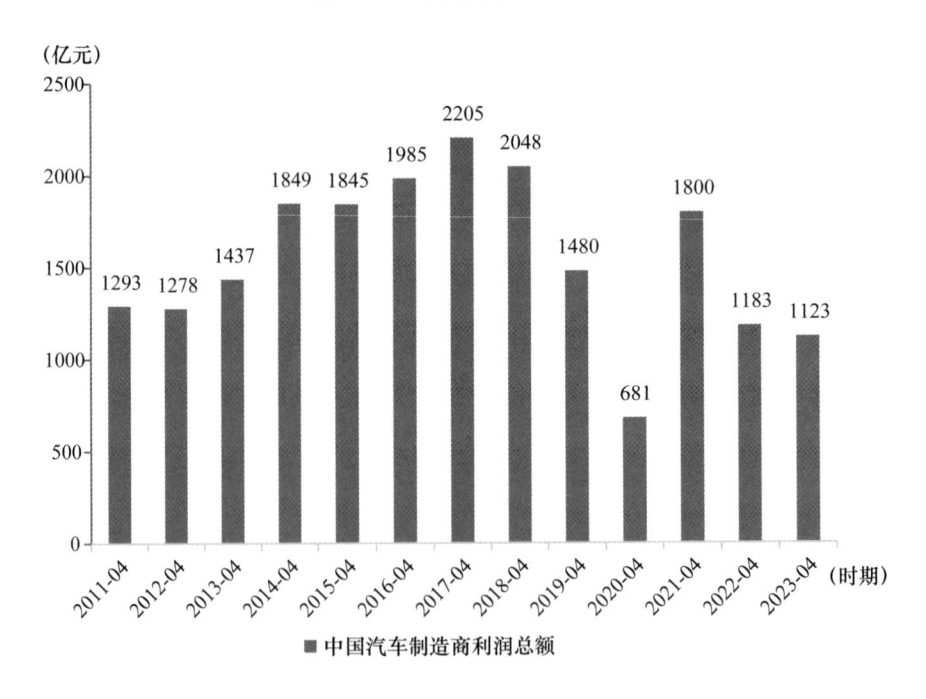

图 3-26 中国汽车制造商利润总额变化情况（历年前 4 个月）

### 3. 地方政府和融资平台债务压力上扬凸显结构性区域性风险

地方政府债务是财力与支出责任的缺口,是除转移支付外收支缺口的重要弥补方式。自1994年分税制改革后,央地财权事权不匹配下,地方政府依靠举债弥补财政赤字、补充建设资金,其中既包含地方债等显性债务,也包含依托融资平台信用扩张推升的隐性债务。近年来,在经济下行压力加大、大规模减税降费实施、房地产市场深度调整、土地出让持续低迷等因素下,地方政府短收严重,在收支矛盾凸显的背景下,地方债务快速增长,结构性及区域性问题较为突出。

第一,地方债快速扩容推升显性债务规模,风险可控但压力不断上扬。自2015年地方债全面"自发自还"以来,特别是2020—2022年,稳增长压力下积极财政加大逆周期、跨周期调节力度,地方债大幅扩容,地方政府显性债务快速增长。截至2023年年末,地方政府显性债务规模将接近40万亿元,地方政府负债率或抬升至30%以上,虽风险可控,但地方财政持续承压下,债务率将继续被动攀升,风险进一步上扬。

第二,"控增化存"持续推进下,隐性债务增速放缓、风险有所缓释,但仍较突出。根据中诚信国际估算,2022年地方政府隐性债务规模是52万亿—58万亿元,是显性债务的1.5—1.7倍,含隐性债务的地方政府负债率升至72%—77%。考虑到部分经济财力较强区域

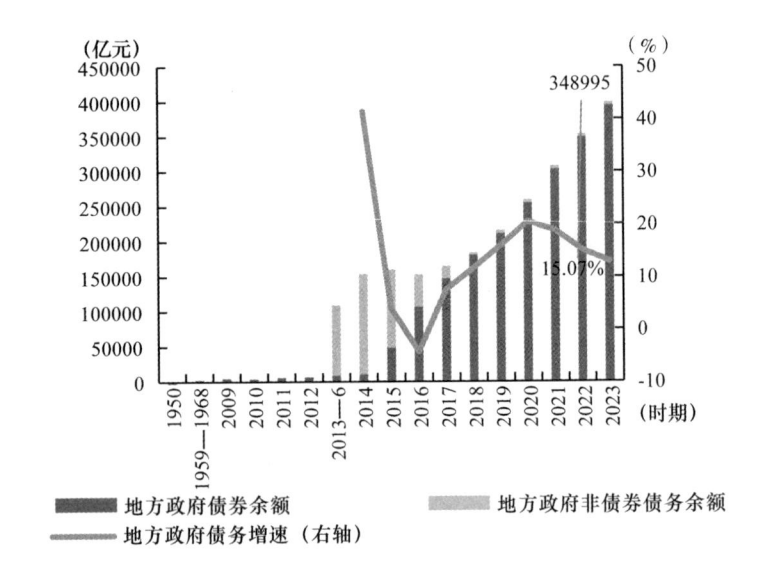

**图 3-27　近年来地方政府债务快速扩容**

资料来源：Wind，中诚信国际区域风险数据库。

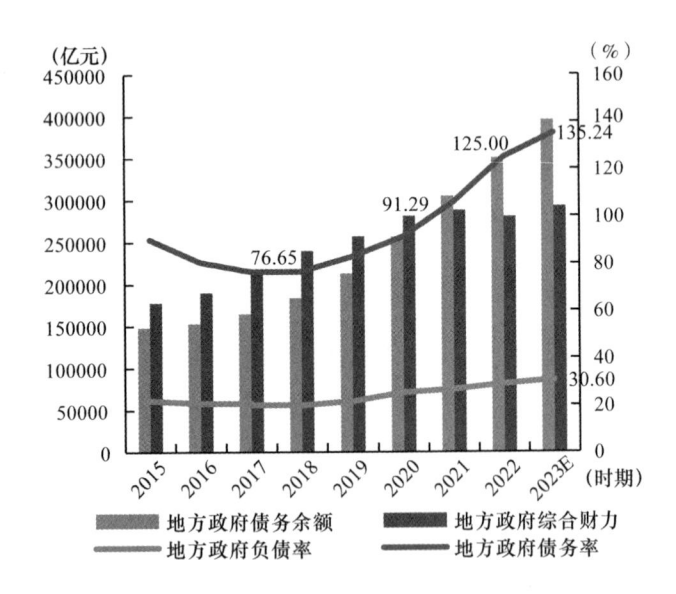

**图 3-28　显性债务风险整体可控但不断上扬**

资料来源：Wind，中诚信国际区域风险数据库。

第三章 继续夯实复苏基础的2023年下半年中国宏观经济 | 99

内平台依托自身经营产生的现金流能够对债务实现一定覆盖，适当剔除①后的隐性债务约47.8万亿元，广义地方政府负债率为68%，规模仍较大，且涉及范围广、程度深，仍需重点关注，防范风险再度积聚。

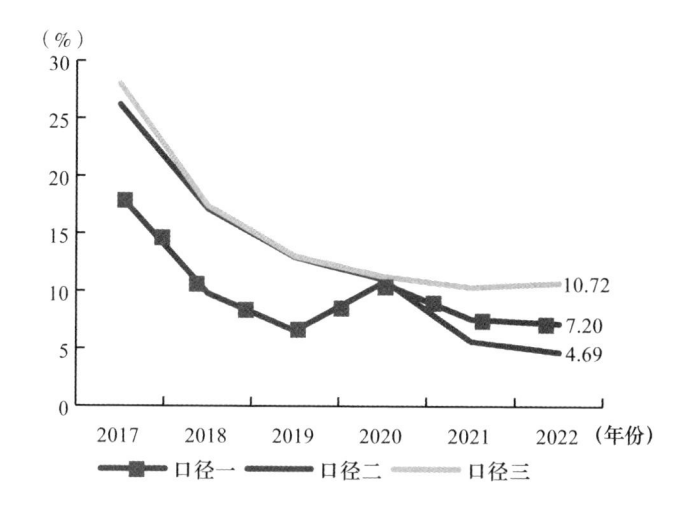

**图3-29 隐性债务增速波动下行但仍较快**

资料来源：Wind，中诚信国际区域风险数据库。

第三，疫情扰动及房地产深度调整下地方财政承压，区域债务风险攀升且进一步分化。2022年，在大规模留抵退税和房地产市场深度调整的背景下，22个省份一般公共预算收入下降、29个省级政府性基金预算收入下降，西部、东北地区减收明显；据中诚信国际测算，近九成省份（27个省份）财政平衡率较上年回落，且多地土地财政缺口凸显。受此影响，超八成省份负债率和债务率较上年抬升，

---

① 将各省经营性现金流为正且经营性现金流对有息债务覆盖超过0.05（中位数）的平台予以剔除。

西部、东北地区升幅较大;在显性口径下,青海、贵州负债率超过60%警戒线,超七成省份债务率突破120%警戒线;在含隐性债务口径下,大多数省份的债务水平均超过警戒线。

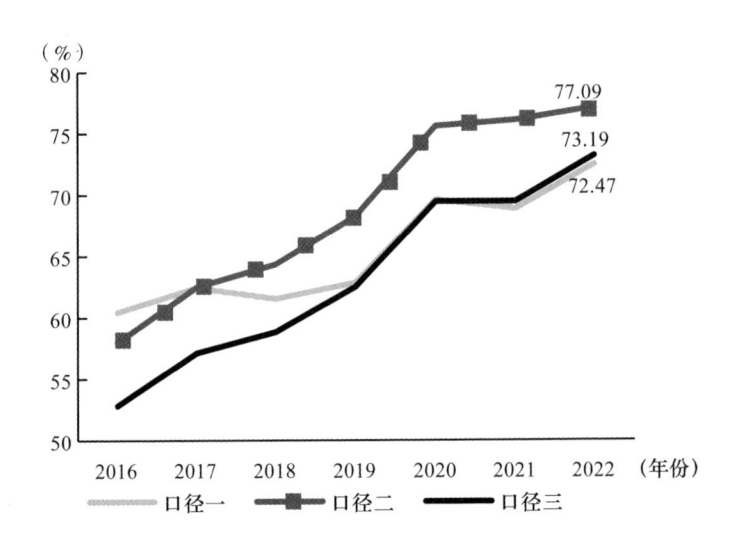

**图3-30 含隐性债务的地方政府负债率抬升**

资料来源:Wind,中诚信国际区域风险数据库。

第四,财政承压下更加依赖债务融资,债务资产转化不足加剧财政脆弱性。新冠疫情暴发的三年来,地方财政持续承压,地方政府更加依赖债务融资。债务危机最大的风险不是来自债务本身,相反,合理范围内的政府债务对经济增长有正向推动作用,且在央地财政关系纵向失衡下对于缓解地方财政收支矛盾也有一定意义,然而,当债务的支出结构与效率、期限结构与现金流发生错配,未能及时有效地形成优质的资产及充裕的现金流,中长期风险不断累积,推升地方政府还本付息压力的同时,也将进一步加剧地方财政脆弱性,反向加大财政压力,影响财政可持续性。

第五,债务结构与政府财力不匹配,影响财政支出效率及长期可持续性。自地方债区分一般债与专项债起,财政部强调专项债务收入不得用于经常性支出,一般债则用于弥补地方财政赤字,但实际操作中专项债违规使用的现象时有发生。近年来地方财政运转压力加大,部分平衡承压的地区一般债新增额度较低,无法完全弥补收支缺口,且由于缺少专项债和一般公共预算之间的"防火墙",政府易将专项债用于基本支出,影响财政整体支出效率。国务院《关于2021年度中央预算执行和其他财政收支的审计工作报告》指出"10个地区违规将136.63亿元专项债资金用于企业经营、人员工资等",地方审计部门也提到部分市县将专项债资金违规用于经常性支出、人员补贴等。长此以往,地方债务结构与财力不匹配将导致财政支出效率下降,影响财政的长期可持续性。

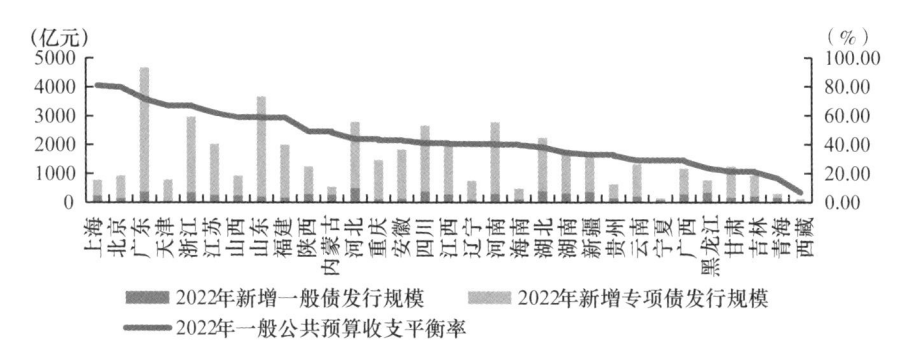

**图3-31　部分财政平衡率较低省份发行一般债较少但专项债较多**
资料来源:Wind,中诚信国际区域风险数据库。

第六，地方债扩容中存在项目与资金性质错配的问题，依赖再融资债及土地出让偿还，推升财政风险。随着近年来地方债大幅扩容，中国传统基础设施趋于完善，回报率较高的存量优质项目逐渐被消化。目前地方债使用中项目和资金不够匹配的问题越发凸显，要求收益自求平衡的专项债越来越多地被用于没有多少经济收益的公益性项目，有效项目储备不足、债券资金闲置挪用、用途调整频繁等问题显现，"债务—资产"转化效率偏低。2022年超七成专项债项目本息覆盖倍数不到2倍，超两成项目依赖土地出让收入偿还，在土地市场持续低迷下相关项目难以自求平衡，财政偿还风险上升，进一步加剧地方财政脆弱性。尤其是对于弱区域基层政府而言，权责利相对更不匹配，财政收支矛盾更为突出。此背景下，由于缺乏回报率稳定的优质项目，政府投资效率较难提升，大幅推高了基层财政风险。

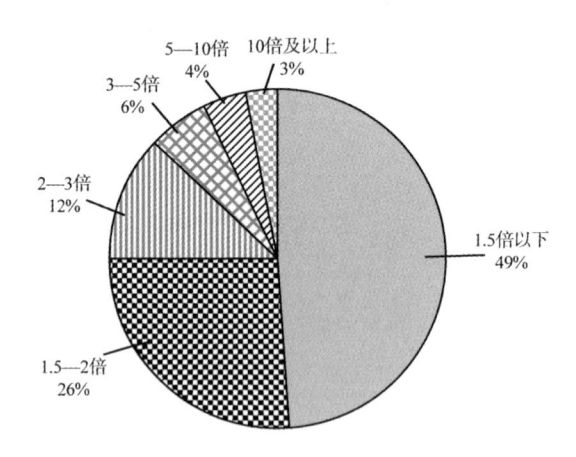

图3-32 专项债项目本息覆盖倍数占比情况

资料来源：Wind，中诚信国际区域风险数据库。

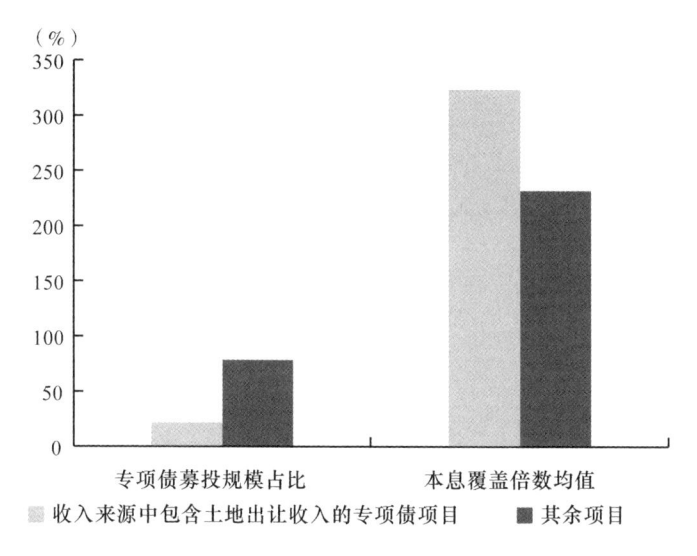

## 第三章 继续夯实复苏基础的2023年下半年中国宏观经济

**图3-33 超两成专项债投向土地偿还类项目**

资料来源：Wind，中诚信国际区域风险数据库。

第七，城投企业作为隐性债务主要载体，持续面临成本与收益错配、期限与现金流错配，债务到期及化解高度依赖财政偿还，加剧财政压力。一方面，城投资产端除了能快速变现的建设用地，还有大量城市公共资产及公益性项目，如道路、桥梁、管道等，无法直接采用使用者付费等方式盈利，只能通过招商引资、吸引城市化人口等方式通过地方税收间接回收，由于融资成本高但资产收益率较低且逐年下滑，对财政补助及回款的依赖程度较高；另一方面，城投主要参与的公用事业、城乡建设等项目前期投入金额大、回收周期长，但严监管下债务融资更趋短期化，导致债务与现金流间产生了严重的期限错配，造成较大的债务风险敞口，其债务到期及化解高度依赖财政补助、再融资债借新还旧等方式，进一步加剧了财政压力。

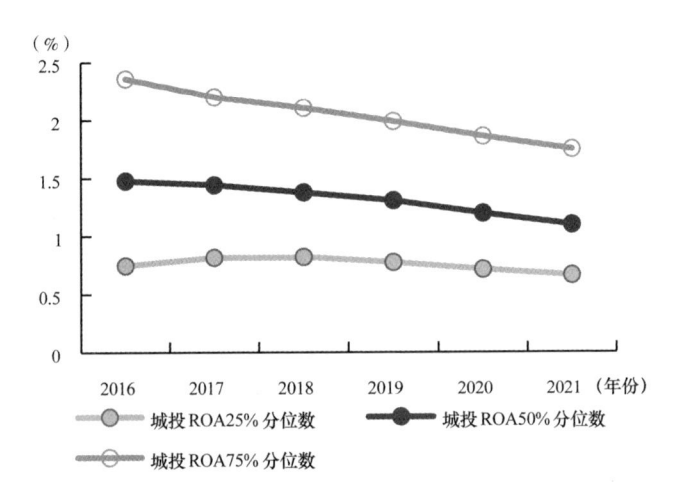

**图 3-34 城投总资产收益率逐年下降**

资料来源：Wind，中诚信国际城投行业数据库。

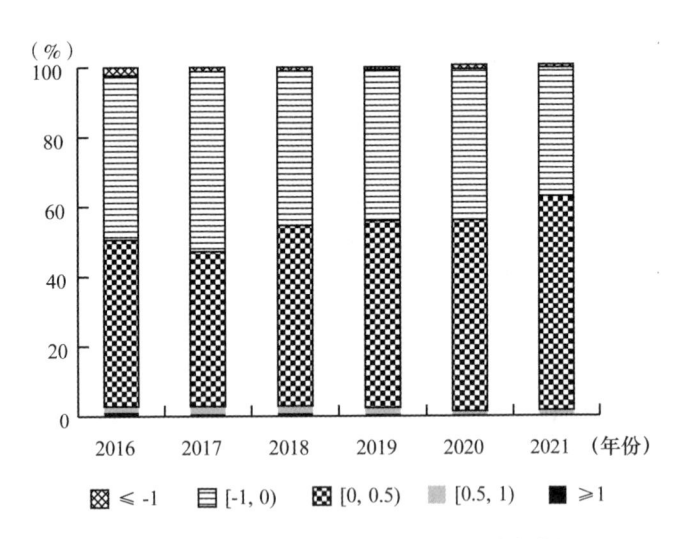

**图 3-35 城投经营活动现金流/带息债务较低**

资料来源：Wind，中诚信国际城投行业数据库。

### 4. 全球经济增速放缓导致中国出口增长持续承压的风险

中国宏观经济能否顺利实现常态化，不仅取决于中国政策常态化的路径和战略转换的方式以及政策调整和大转型中的风险控制，同时也受到外部环境变化的影响。疫情影响余波、俄乌冲突、美欧货币政策收紧、全球通货膨胀持续高企等冲击，进一步加重了疫情之前世界经济"长期停滞"的趋势。为了对冲疫情对经济的负面影响，全球主要发达经济体出台了大规模财政和货币政策刺激措施。这些措施一方面降低了失业率，促进了经济修复；另一方面为疫情后全球经济金融形势发展埋下了重大隐患。

一方面，2023年发达经济体高通胀和低增长相伴，新兴市场和发展中经济体也面临高通胀和经济增速放缓的压力。

IMF 2023年4月《世界经济展望报告》（WEO）的数据显示，2023年全球主要发达经济体总体表现是高通胀与低增长。2023年发达经济体通胀率预计为4.7%，GDP增长率为1.3%，通胀率比疫情前三年（2017—2019年）的简单年度均值高出3个百分点，而GDP增长率比疫情前三年的简单年度均值低0.9个百分点。新兴市场和发展中经济体2023年通胀率高达8.6%，GDP增长率为3.9%，通胀率比疫情前三年的简单年度均值高出3.8个百分点，GDP增长率比疫情前三年的简单年度均值低0.4个百分点。因此，相比于疫情前三年的平均态势，2023年的全球经济普遍出现了通胀率上行、经济增速下行的态势。

按照IMF的估计,中国是全球经济中通胀和增长平衡相对较好的经济体,2023年的通胀率与疫情前三年相比基本没有变化,物价稳定在2%左右,2023年的GDP增长率预计达到5.2%,比疫情前三年的均值下降了1.3个百分点。印度和亚洲五国的经济增速基本保持了疫情前三年的平均水平,印度2023年GDP增速比疫情前三年高0.2个百分点,亚洲五国比疫情前三年低0.3个百分点;印度通胀率比疫情前三年高1个百分点,达到4.9%,亚洲五国通胀率比疫情前三年高近2个百分点,达到4.3%。

表3-3　　　　　　全球主要经济体通胀率的变化　　　　　（CPI,%）

| | 2017—2019年 | 2020年 | 2021年 | 2022年 | 2023年 | 2024年 | 2025年 |
| --- | --- | --- | --- | --- | --- | --- | --- |
| 发达经济体 | 1.7 | 0.7 | 3.1 | 7.3 | 4.7 | 2.6 | 2.1 |
| 美国 | 2.1 | 1.3 | 4.7 | 8.0 | 4.5 | 2.3 | 2.1 |
| 欧元区 | 1.5 | 0.3 | 2.6 | 8.4 | 5.3 | 2.9 | 2.2 |
| 英国 | 2.3 | 0.9 | 2.6 | 9.1 | 6.8 | 3.0 | 1.8 |
| 日本 | 0.6 | 0.0 | -0.2 | 2.5 | 2.7 | 2.2 | 1.6 |
| 中国 | 2.1 | 2.5 | 0.9 | 1.9 | 2.0 | 2.2 | 2.2 |
| 印度 | 3.9 | 6.2 | 5.5 | 6.7 | 4.9 | 4.4 | 4.1 |
| 亚洲五国 | 2.4 | 1.0 | 2.0 | 4.8 | 4.3 | 2.9 | 2.6 |
| 新兴市场与发展中经济体 | 4.8 | 5.2 | 5.9 | 9.8 | 8.6 | 6.5 | 5.2 |

资料来源:IMF(WEO),2023年4月。表3-4同。

注:亚洲五国是指印度尼西亚、马来西亚、菲律宾、新加坡和泰国。表3-4同。

表3-4　　　　　　　全球主要经济体 GDP 增速变化　　　　　　（不变价,%）

| | 2017—2019 年 | 2020 年 | 2021 年 | 2022 年 | 2023 年 | 2024 年 |
|---|---|---|---|---|---|---|
| 发达经济体 | 2.2 | -4.2 | 5.4 | 2.7 | 1.3 | 1.4 |
| 美国 | 2.5 | -2.8 | 5.9 | 2.1 | 1.6 | 1.1 |
| 欧元区 | 2.0 | -6.1 | 5.4 | 3.5 | 0.8 | 1.4 |
| 英国 | 1.9 | -11.0 | 7.6 | 4.0 | -0.3 | 1.0 |
| 日本 | 0.6 | -4.3 | 2.1 | 1.1 | 1.3 | 1.0 |
| 中国 | 6.5 | 2.2 | 8.5 | 3.0 | 5.2 | 4.5 |
| 印度 | 5.7 | -5.8 | 9.1 | 6.8 | 5.9 | 6.3 |
| 亚洲五国 | 4.8 | -4.4 | 4.0 | 5.5 | 4.5 | 4.6 |
| 新兴市场与发展中经济体 | 4.3 | -1.8 | 6.9 | 4.0 | 3.9 | 4.2 |

另外，美欧通胀率尤其是核心通胀率黏性很强，美欧货币政策依然面临持续收紧压力，加剧全球经济下行压力和金融市场波动风险。

从此轮美欧的高通胀形成过程来看，供给冲击和需求拉动在不同时期对通胀的形成和支撑起到了不同的作用。主要原因包括新冠疫情、地缘政治冲突等因素导致的全球供应链瓶颈和能源食品价格高企。随着疫情对经济的破坏力逐步下降以及经济下行预期带来的能源价格逐步回落，供给主导型的通胀逐步让位于需求主导型的通胀。

从美欧近期的通胀表现来看，通胀率均出现了明显下行，但核心通胀率的黏性很强，美国和欧元区均出现了核心通胀率超过通胀率的情形，这使美欧的高通胀的压力还会持续一段比较长的时间。图3-

36显示了美国和欧元区通胀率的变化,用CPI和PCE(个人消费支出价格指数)表达的美国通胀率在2022年6月达到峰值,分别为8.9%和7.0%,截止到2023年4月分别下降至4.9%和4.4%。

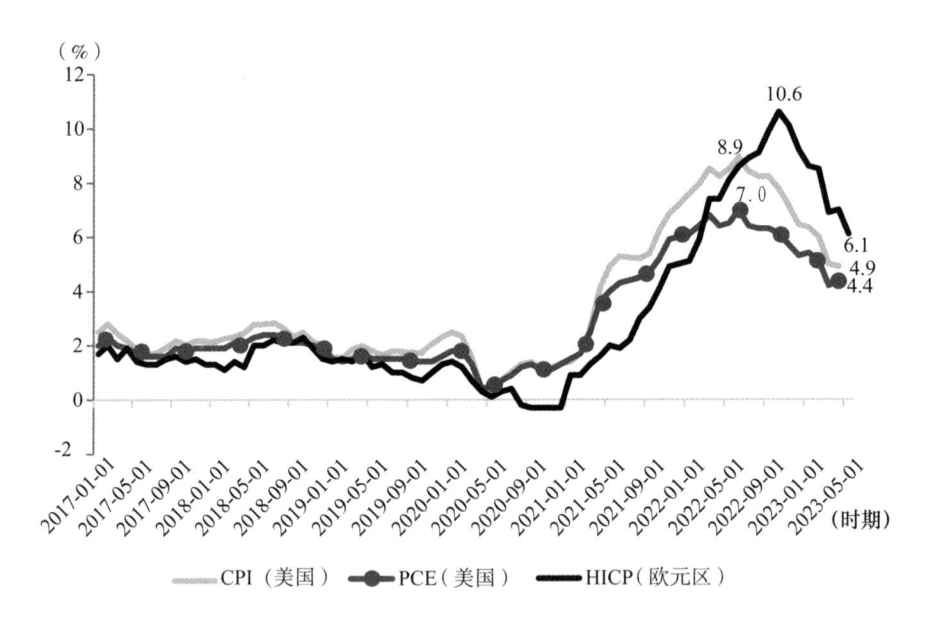

图3-36 美欧通胀率的变化(同比)

资料来源:美联储、欧洲央行。

从美国核心CPI来看,以美联储最关注的指标PCE来看,核心PCE在2023年4月依然高达4.7%,自2021年2月以来首次超过PCE,显示了美国核心通胀率的顽固性。欧元区的通胀率也显示出很强的黏性,从2023年3月开始连续3个月超过核心通胀率。欧元区通胀率(HICP)在2022年10月达到峰值10.6%,2023年5月下降至6.1%,但欧元区核心通胀率(核心HICP)几乎一直是上行的,并在2023年3月达到峰值7.5%,4月略有下降,但依然高达7.3%,

5月进一步下降至6.9%。由此，欧元区核心通胀率从2023年3月开始连续3个月超过通胀率，显示出了很强的黏性。

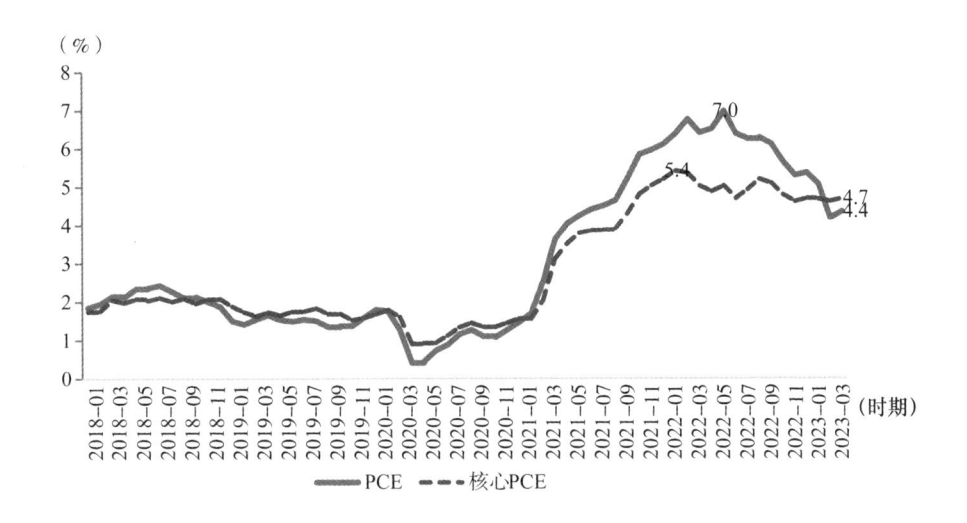

**图3-37　美国通胀率和核心通胀率的变化（同比）**

资料来源：美联储。

美欧核心通胀率居高不下，主要是在住房类价格尚未进入下行期的背景下（房租价格滞后住房价格下降需要一年多的时间）紧张的劳动力市场支撑所致。2023年5月，美国失业率为3.7%，仍处于1960年以来的低位，而2023年4月欧元区失业率为6.5%，是欧元区成立以来的最低失业率。低失业率导致工资上涨，目前美欧工资上涨的年率仍保持4%左右的增速，"工资—物价"螺旋机制支撑了核心通胀率。

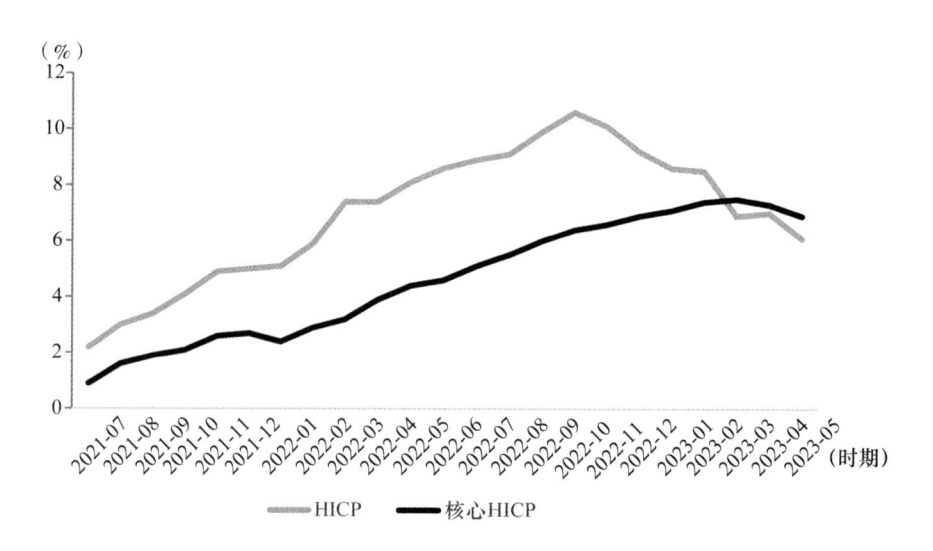

**图3-38 欧元区通胀率和核心通胀率的变化（同比）**

资料来源：欧洲央行。

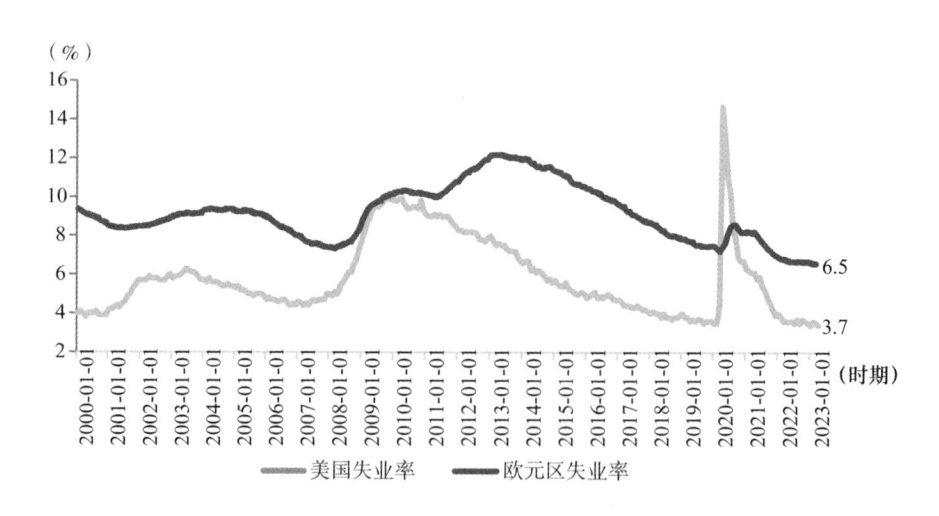

**图3-39 美国和欧元区失业率的变化**

资料来源：美国劳工部、欧洲央行。

## 5. 国际金融市场动荡加剧引发中国资本市场波动的风险

美欧激进紧缩货币政策导致金融市场持续承压，金融动荡加剧了全球金融稳定风险。全球金融稳定是世界经济稳步复苏和发展的前提，美国经济金融政策已成为全球金融稳定的最大挑战。美联储和欧洲央行自2022年以来激进加息，大幅推高了全球融资成本，加剧国际资本无序流动，导致美欧一些银行因为资产估值大幅恶化而破产或被收购，美欧金融动荡的外溢性不利于世界经济的稳定复苏。

表3-5给出了本轮美联储和欧洲央行加息时间和幅度，美联储从2022年3月开始加息，截至2023年5月总计加息10次，累计加息幅度高达500个基点，创造了近40年来最激进的加息方式。欧洲央行从2022年7月加息，截至2023年5月总计加息6次，累计加息幅度为375个基点，也处在历史的高点，与次贷危机爆发前的2008年10月的3.75%持平。市场预期欧洲央行在2023年6月15日继续加息25个基点，美联储6月可能暂不加息，或采取7月加息的方式。

表3-5　　　美联储和欧洲央行政策性利率调整的时间和幅度　　（单位:%）

| 日期 | 美联储政策性利率 | 日期 | 欧洲央行政策性利率 |
| --- | --- | --- | --- |
| 2022年3月16日 | 0.08 | | |
| 3月17日 | 0.33 | | |
| 5月5日 | 0.84 | | |
| 6月16日 | 1.58 | 2019年9月18日 | 0.00 |

续表

| 日期 | 美联储政策性利率 | 日期 | 欧洲央行政策性利率 |
|---|---|---|---|
| 7月28日 | 2.33 | 2022年7月27日 | 0.50 |
| 9月22日 | 3.08 | 9月14日 | 1.25 |
| 11月3日 | 3.83 | 11月2日 | 2.00 |
| 12月15日 | 4.33 | 12月21日 | 2.50 |
| 2023年2月2日 | 4.58 | 2023年2月8日 | 3.00 |
| 3月23日 | 4.83 | 3月22日 | 3.50 |
| 5月4日 | 5.08 | 5月10日 | 3.75 |

资料来源：美联储，欧洲央行。

美联储的激进加息是导致美国和欧洲出现金融动荡的政策主因。2023年3月10日以来，美国签名银行、硅谷银行、第一共和银行相继关闭，瑞士第二大银行瑞士信贷银行被瑞士第一大银行瑞银集团收购，打破了银行业"大而不能倒"的传统认知。美国资本市场上一些银行业的股价暴跌，市值大幅度缩水。依据国家经济研究署近期的一项研究，截至2023年第一季度，美国银行系统的总资产市值比其资产账面价值低2.2万亿美元，银行资产价值的下降显著增加了美国银行系统对未投保储户挤兑的脆弱性。依据美联储Dallas的数据，截至2023年4月，美国可市场交易国债的市场价值和面值之间依然存在近1.39万亿美元的账面浮亏，比2022年9月近2.1万亿美元的账面浮亏缩小了近7000亿美元。尽管美联储在2023年3月12日创造了银行定期融资计划（Bank Term Funding Program，BTFP），允许存款机构以高质量证券面值估值进行抵押融资，鼓励存款机构持有美联储认为的国债和 MBS 等高质量证券，减少对美国国债市场和 MBS 市场的冲击，帮助美国银行业的资产穿越加息周期，但对于持有美国国债的金融机构来说，账面浮亏带来的流动性风险依然巨大。

**图 3-40　美国可市场交易国债的市值与面值之差**

资料来源：Fed，Dallas。

除了银行业资产风险敞口，2023 年上半年商业地产信贷风险成为市场关注的另一个重点，尤其是随着房价下跌，与房价相关的商业地产证券价值也会出现下跌，这部分证券化资产的风险敞口也会因为利率上行而不断加大，不排除出现某些银行或者其他金融机构因为持有大量这类资产而关闭的可能性。

美欧"加息最后一公里"和利率持续维持高位都是风险爆发的关键期，激进宽松与激进紧缩货币政策快速转换形成的激进货币政策周期对金融监管和金融机构的风险管理能力构成了严峻挑战，美联储激进加息引起的金融动荡加剧了全球金融稳定风险。即使加息结束，美欧央行的缩表计划还会持续，全球流动性会持续收紧，这将会对世界经济的稳定复苏造成持续的负面冲击。

2023年年初以来，中国外汇储备波动上升，但人民币面临小幅而持续的贬值压力。截至2023年5月，官方外汇储备为31765亿美元，较2022年12月增加488亿美元，较2022年10月增加1241亿美元。人民币兑美元平均汇率则从1月的6.80贬值至5月的6.99，6月上旬进一步贬值至7.11，回到2022年10月的水平。人民币兑美元贬值压力一方面反映了疫情期间全球经济受到了前所未有的冲击，解除封控后，尚不能迅速恢复；另一方面反映了美联储加息带来的影响。人民币兑美元汇率从2023年3月的6.35持续贬值至11月的7.16，与2022年相比，虽然2023年以来的汇率波动幅度整体较小，但在汇率水平上距离市场心理关口更近也意味着贬值的"容忍度"下降。

在资本市场，2023年以来，尽管宏观经济持续复苏，但中国股票市场呈现低迷状态。截至2023年6月16日，上证综合指数、深证综合指数、沪深300指数分别收于3273点、2083点、3963点，均未恢复到2021年水平。更值得关注的是，近两年中国股票市场融资额大幅增加，股指和分红却长期维持低迷状态，在多国股市纷纷创下历史新高的情况下，广大投资者对中国股市的不满情绪快速上扬，可能衍生出新的风险。

图 3-41 人民币兑美元汇率和外汇储备变化趋势

图 3-42 中国股票市场价格指数走势

### 6. 俄乌冲突导致国际阵营对立产生强烈经济外溢效应的风险

俄乌冲突不仅长期化，而且出现全面激化局面，正在形成新的国际阵营及对立，从而导致中国地缘政治环境全面恶化，国际军事政治对经济产生强烈的外溢效应。俄乌冲突自2022年2月爆发以来，引发全球能源供给危机和粮食安全危机，成为影响全球政治经济走势最大的不确定性因素之一。综合各方面情况来看，俄乌冲突不仅长期化而且出现全面激化的局面。其一，俄乌冲突主要方目前仍然没有和谈的迹象，反而存在局部战场不断扩大的风险；其二，在欧美持续资助下，乌克兰开始对俄罗斯本土进行袭击和骚扰；其三，芬兰和瑞典加入北约带来的局势变化；其四，在美国的推动下，北约影响力向东亚扩展，韩国与日本关系和解，而与中国关系恶化；其五，北约对俄罗斯打击和遏制的战略全面升级，导致俄罗斯出现各种变异；其六，美欧等国利用乌克兰危机绑架中国，对中国采取捆绑式制裁，导致中国不得不进行反击。

综上所述，2022、2023年两年外部环境的复杂化对国际循环体系的冲击以及对中国贸易的影响将有新的表现。全球经济复苏进程的延迟、国际冲突的加剧、全球产业链供应链的重构以及"去中国化"的抬头，都可能使中国经济面临的外部压力上扬，因此提前稳住内部经济基本盘是应对外部冲击和大国竞争的核心基础。在各种战略准备中，全面扩充国内市场需求，快速促进国内市场循环的常态化，充分恢复中国经济运行的基本盘,不断巩固内部产业链的竞争力和畅通性是中国立于不败之地的关键。

## 三 四大中长期挑战

**挑战1:在复苏过程中解决发展不平衡不充分的矛盾累积问题**

2020—2022年,受疫情防控等因素的影响,中国经济在一些方面的发展陷入了停滞。首先是消费水平的停滞及其潜在影响。以不变价计算,2020—2022年三年间,社会消费品零售总额总共仅增长了约2%,年均增速为0.6%。可以说,居民消费水平已经停滞了三年。消费水平的停滞会直接影响到消费市场活力、消费升级,进而影响到企业的创新行为模式和产业升级,当然也深刻地改变了消费者行为模式。本轮经济复苏,强调"把恢复和扩大消费摆在优先位置",就是要通过重启消费热潮,治愈消费市场的"疮疤效应",激发市场主体活力。从目前消费的恢复情况来看,虽然有明显反弹,但主要是恢复性的,且边际复苏动力减弱。这需要通过未来一段时期的持续复苏,推动消费市场的发展重回疫情前的长期增长轨道。

其次是居民收入累计损失。近年来,居民收入增速持续放缓,对未来收入预期明显下降,使居民消费能力和消费意愿均有所减弱。2020—2022年,全国居民人均可支配收入累计增长13.6%,年均复合增长率为 4.3%，比 2017 年增速低 3.0 个百分点。其中，城镇居民累计增长 10.4%，年均复合增长率为 3.4%，比 2017 年增速低 3.1 个百分点。

表 3-6　　　　2020—2022 年居民消费和收入增长情况

| 核心参数 | | 2020—2022 年三年累计 | 2020—2022 年三年平均 | 2022 年 |
| --- | --- | --- | --- | --- |
| 社会消费品零售总额 | 名义增长 | 7.9 | 2.6 | -0.2 |
| | 实际增长 | 2.0 | 0.6 | -2.8 |
| 居民人均可支配收入 | 全国居民实际增长 | 13.6 | 4.3 | 2.9 |
| | 城镇居民实际增长 | 10.4 | 3.4 | 1.9 |
| | 农村居民实际增长 | 18.7 | 5.9 | 4.2 |

再次是居民收入差距问题。随着经济发展不确定因素的增多，就业稳定性对收入稳定性的影响有所增加。近几年，城镇私营单位就业人员平均工资增长率持续低于非私营单位就业人员平均工资增长率，二者的收入差距不断扩大。2022 年，非私营单位就业人员平均工资增长 6.7% 至 11.4 万元，而私营单位就业人员平均工资仅增长 3.7% 至 6.5 万元，前者达到后者的 1.75 倍。

最后是居民可支配收入占比过低。2022 年居民人均可支配收入为 36883 元，占人均 GDP 的比例仅为 43%（过去十年基本围绕这一水平波动，2013—2022 年的十年均值为 43.5%），该比例远低于 60% 左右的世界平均水平。这意味着，中国居民在创造的增加值中只有约

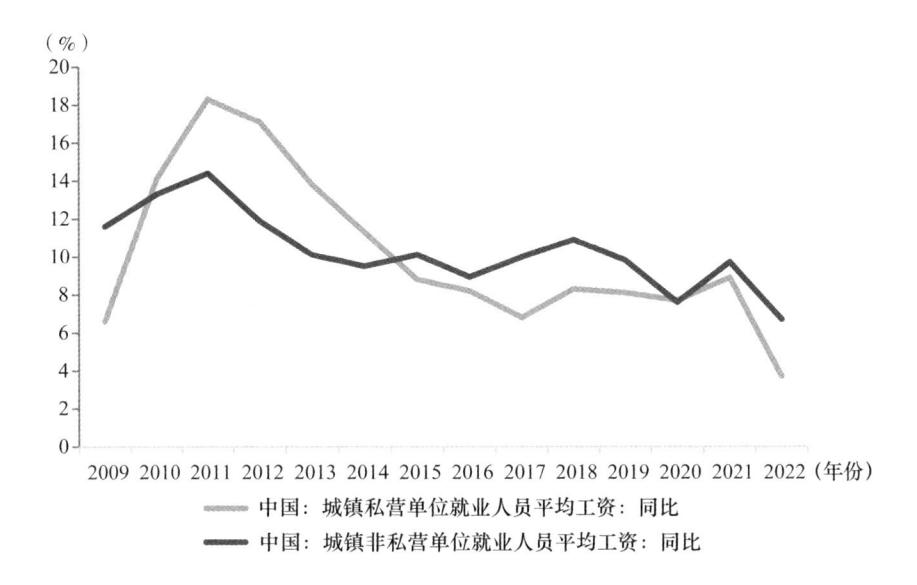

第三章　继续夯实复苏基础的 2023 年下半年中国宏观经济 | 119

图 3-43　城镇私营单位和非私营单位就业人员平均工资增长率

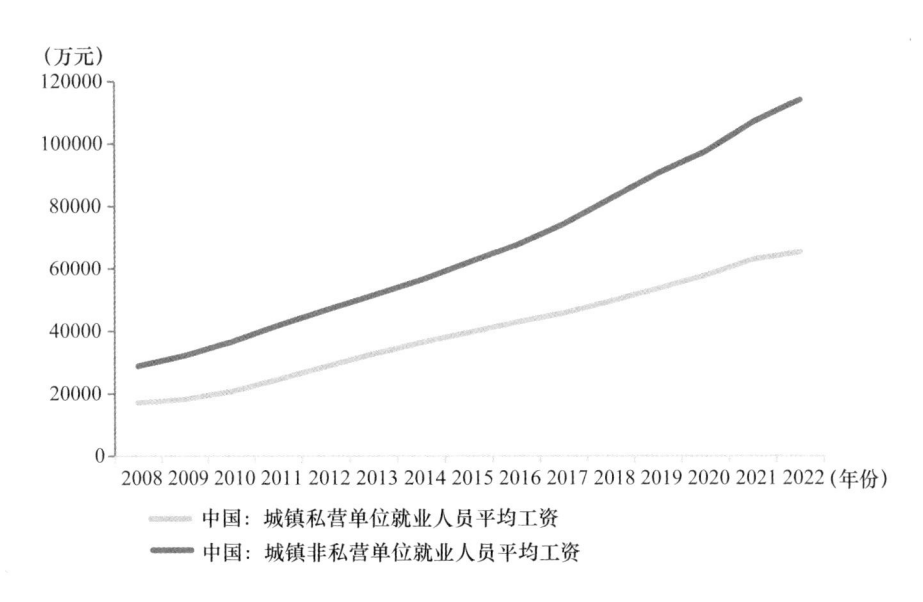

图 3-44　城镇私营单位和非私营单位就业人员平均工资水平

四成能够自由支配。在投资空间较大、投资收益率较高的发展阶段，居民能够从未来的收入和消费高速增长中获益，但在当前阶段，这一方面造成居民消费能力不足，另一方面也影响了劳动积极性。

居民可支配收入占比过低主要是由于以下两方面原因。一是居民部门初次收入分配占比较低。2020年，中国居民部门初次收入分配占比为62%，虽然比2008年最低点57%有所回升，但从历史纵向比较和国际横向比较来看都仍然偏低。二是再分配没有起到提高居民部门收入占比的作用。通过再分配，企业部门收入占比大幅减少，居民部门收入占比也明显减少，政府部门收入占比大幅增加。

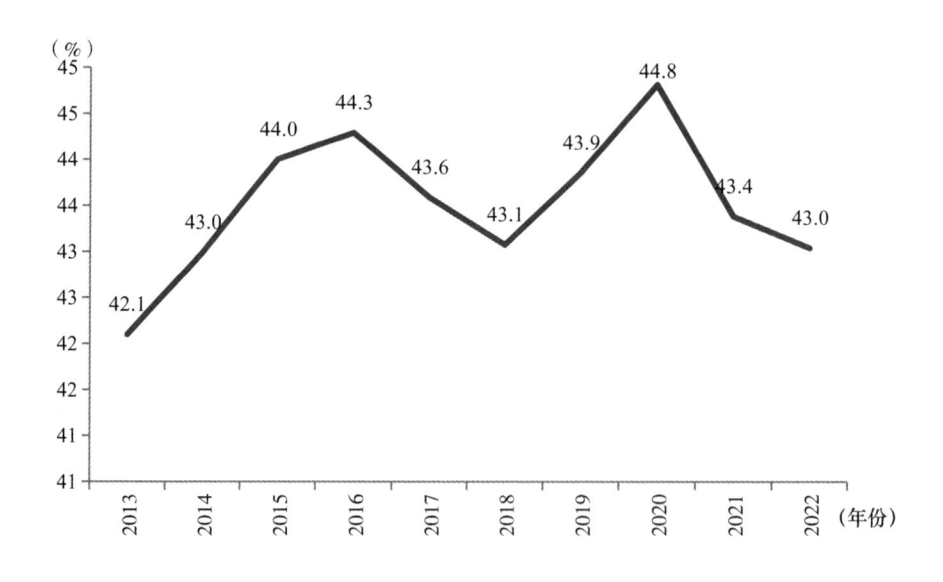

图3-45 居民人均可支配收入占人均GDP的比例

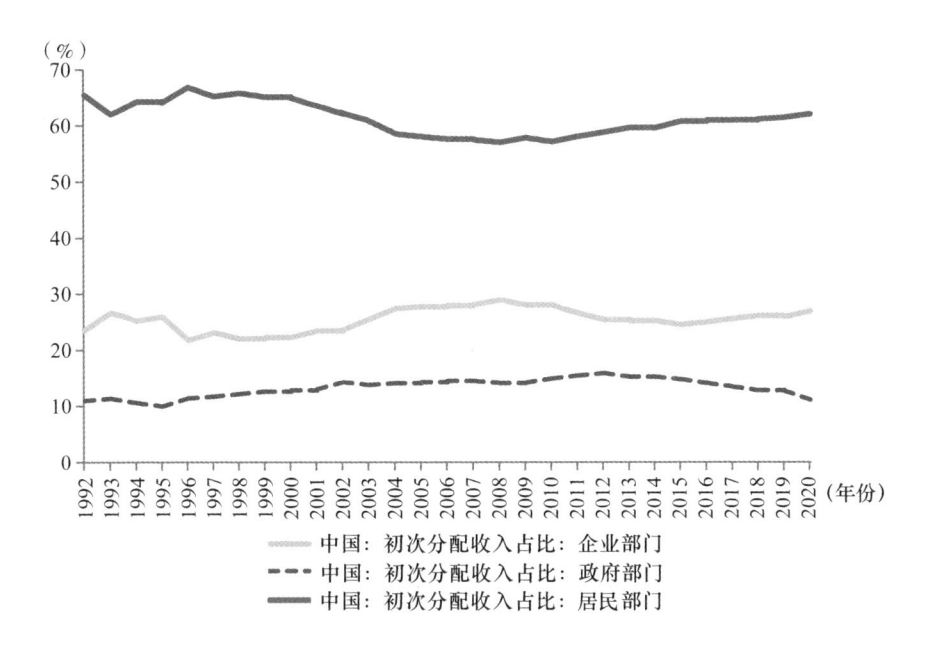

第三章　继续夯实复苏基础的 2023 年下半年中国宏观经济

**图 3-46　国民收入初次分配**

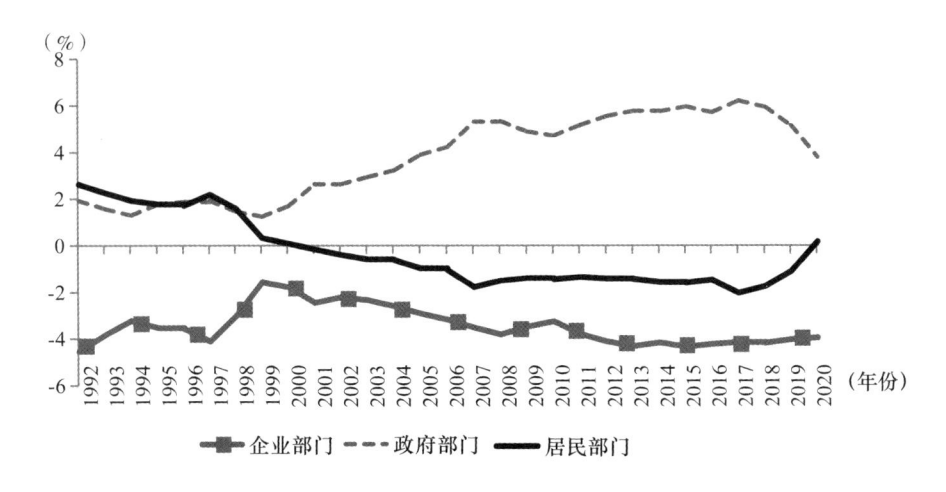

图例：
- 中国：初次分配收入占比：企业部门
- 中国：初次分配收入占比：政府部门
- 中国：初次分配收入占比：居民部门

**图 3-47　再分配对各部门收入占 GDP 比重的影响**

图例：企业部门　政府部门　居民部门

从超长期视角来看，中国经济面临的一个更严峻的挑战是，近年来中国进入了"快速老龄化"与"加速少子化"叠加阶段、"短期劳动需求不足"与"中长期劳动供给不足"激烈碰撞阶段。2017年以来，中国人口少子化问题急剧恶化。人口出生率从2011—2016年围绕13.5‰上下波动的水平，突然转入2017—2022年的直线下滑趋势，从2016年的13.6‰持续下滑至2022年的6.8‰。截至2022年，中国人口出生率首次低于人口死亡率，正式进入人口负增长时代。尽管在此之前，中国人口出生率已经出现过下降，使2011—2016年的人口出生率水平也较低，但2017年以来所表现出来的这种直线下滑趋势值得高度关注。

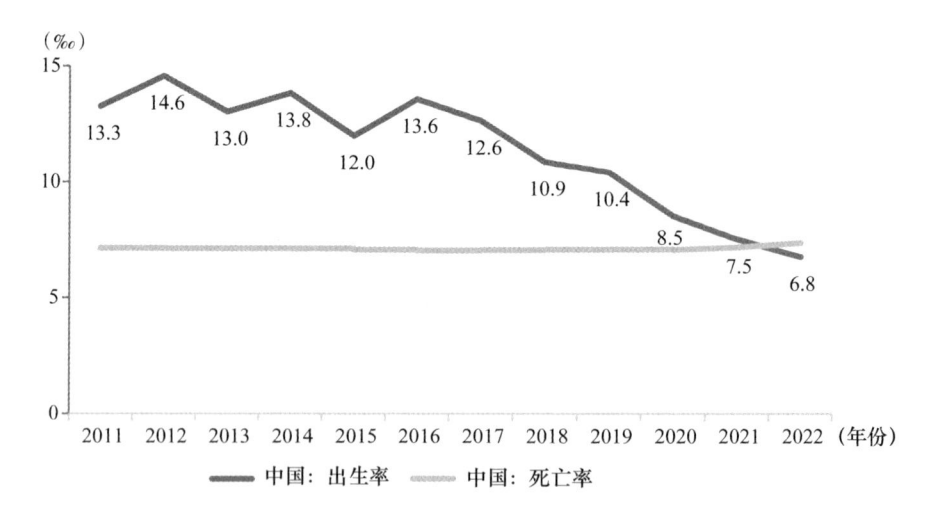

图3-48 中国人口出生率变化趋势

人口出生率下降背后是近十年来结婚人数的直线下滑。2013年，中国结婚人数达到峰值2694万人,此后开始直线下滑,2022年仅为1367万人,下降了49.26%;从2016年起,出生人数开始直线下滑,从1883万人下降至2022年的956万人,下降了49.23%。从图3-49中可见,改革开放以来,中国婚育情况大体经历了三个阶段:第一阶段(1980—2000年前后),结婚登记人数基本稳定,出生人数缓慢下降;第二阶段(2000年前后—2012年),结婚人数持续较快上升,出生人数基本稳定;第三阶段,也就是现阶段(2013年以来),结婚人数持续快速下降,出生人数持续快速下降。

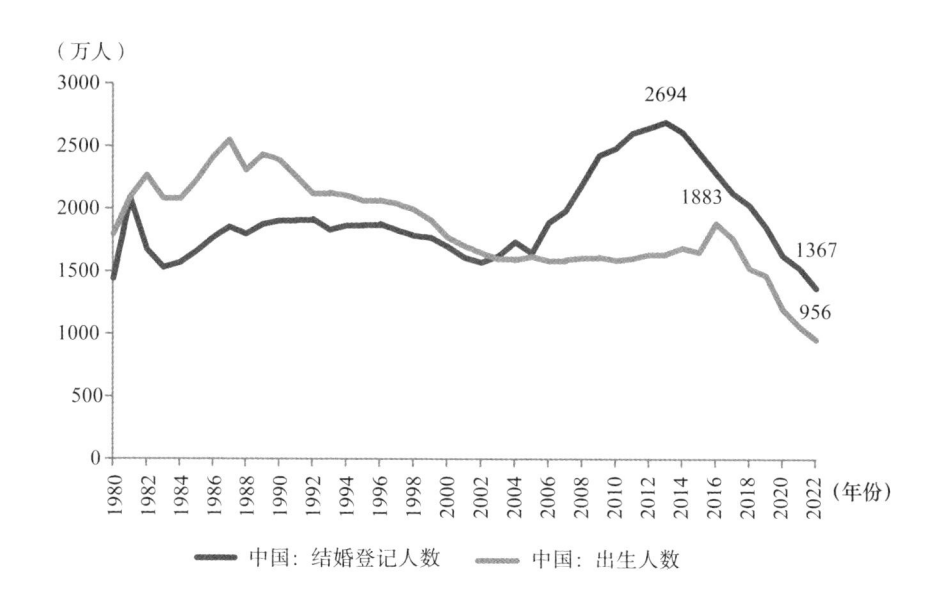

**图 3-49 中国结婚登记人数和出生人数变化趋势**

另外,近十年来,中国人口老龄化问题持续加剧。60岁及以上人口占比从2011年的13.7%持续上升至2022年的19.8%,年均提高约 0.6 个百分点；65 岁及以上人口占比从 2011 年的 9.1% 持续上升至 2022 年的 14.9%，年均提高约 0.5 个百分点。国际上，一般把 60 岁及以上人口占总人口比例达到 10%，或 65 岁及以上人口占总人口的比例达到 7%，作为一个国家或地区进入老龄化社会（或老年型人口）的标准。目前，中国人口老龄化程度已经达到该标准值的 2 倍之多，并且还处于直线上升的过程中。

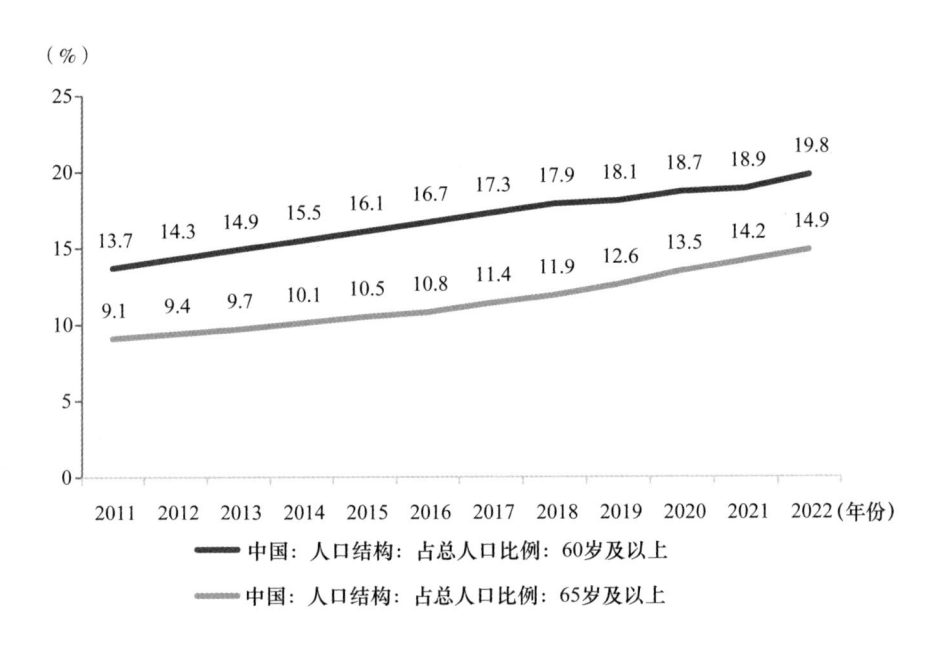

图 3-50　中国人口老龄化变化趋势

人口快速老龄化的一个直接后果是，近十年来，中国劳动年龄人口占比以平均每年约 0.6 个百分点的速度下降。其中，劳动年龄人口上限 15—64 岁人口占比从 2013 年的 73.9% 下降至 2022 年的

68.2%，下限 16—59 岁人口占比从 2013 年的 67.6% 下降至 2022 年的 62%。

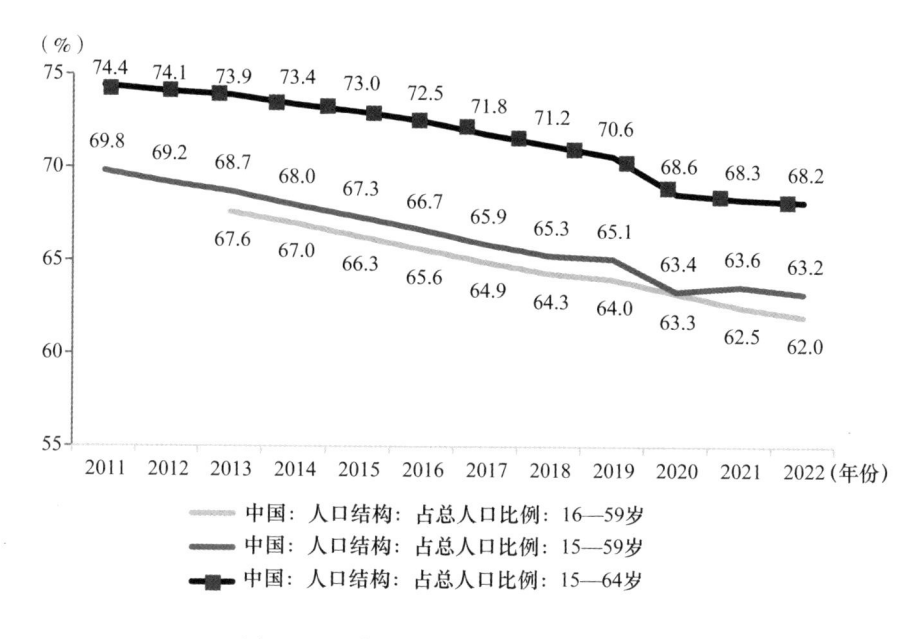

**图 3-51 中国劳动年龄人口占比变化趋势**

在劳动年龄人口占比下降的同时，中国的劳动参与率也处于下降趋势之中。2013—2022 年，中国的劳动参与率下降了 3.5 个百分点，其中男性劳动参与率下降幅度更大，达到 4.7 个百分点，女性劳动参与率也下降了 2.3 个百分点。

劳动年龄人口占比下降、劳动参与率下降、失业率上升，三者同时并存，这对于任何国家而言，都意味着劳动力市场和经济发展面临极其严峻的挑战。

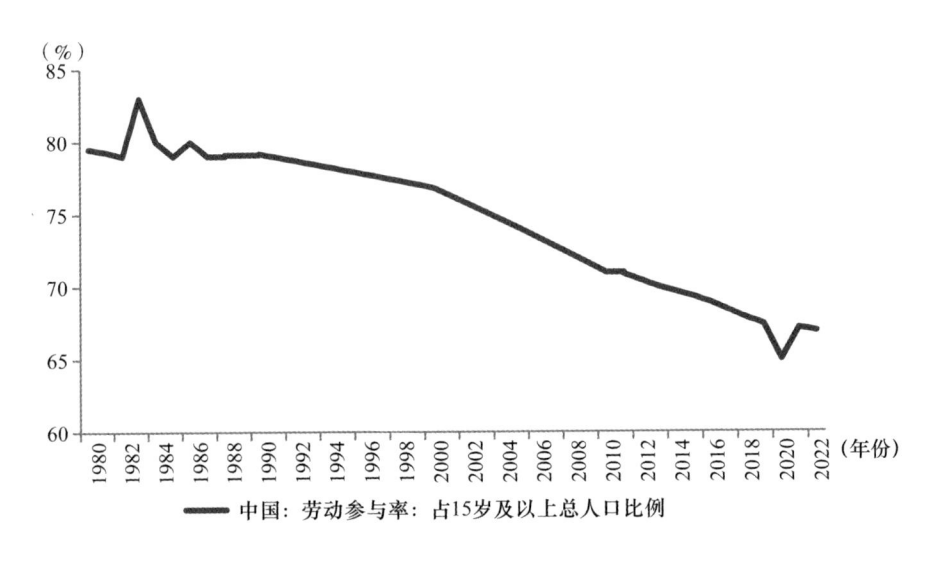

**图 3-52　中国劳动参与率变化趋势**

资料来源：世界银行。

**挑战 2：在复苏过程中全面修复微观基础和充分调动市场主体积极性**

1. 企业和家庭部门等微观基础比疫情前更加脆弱

在客观上，相比于疫情之前，2023年各类市场主体已经在连续三年多的疫情持续冲击下消耗了大量的储备，经济的弹性韧性已发挥到极致，微观基础亟待修复。因此，持续而稳定的经济复苏至关重要。对于部分脆弱群体而言，如果经济复苏不平衡不充分，"最后一根稻草效应"仍有可能突然爆发。在主观上，经济复苏形势和未来政策演变的高度不确定性、不同人群对国际事件不同价值观的撕裂以及其他重大理论纷扰，导致市场主体预期低迷，难以形成大上快上的新局面。这同样要求通过持续而稳定的经济复苏，逐步打消未来发展的疑虑，从而带动中国经济回归健康发展循环。

**2. 各类市场主体信心和对未来发展预期比疫情前明显下降**

在本轮经济复苏阶段，市场主体对于长期投资、重资产投资、低流动性的投资，对耐用品消费、负债消费等透支未来收入的消费，都变得更加谨慎。在这种情况下，如果不能恢复市场主体对未来的中长期信心，不仅中国经济复苏进程将变得更加缓慢和脆弱，而且会对长期中国经济发展产生不利影响。目前在悲观预期下，货币政策宽松已难以抑制信贷需求的内生回落。首先，居民部门信贷总量持续全面收缩。居民部门住房贷款、消费贷款、经营贷款全面下滑，不仅反映出居民的购房意愿和消费意愿大幅下滑，还反映出个体工商户、小微企业主的扩张意愿遭受明显的负面冲击。其次，企业部门的资产负债表结构恶化，用于扩大投资生产的中长期贷款大幅度少增，而为了维持现金流的短期贷款等大幅多增，这意味着企业长期投资动力不足。事实上，近期以来，不仅民间投资增长呈现过度收缩状态，在工业生产方面也出现超额下滑。外资企业2022年工业增加值同比下降1%，2023年1—5月同比也仅增长1.3%，私营企业2022年工业增加值同比增长2.9%，2023年1—5月同比也仅增长1.6%，均持续低于中国工业整体增速，自然也成为导致中国工业增速下滑的重要因素。

因此，本轮经济复苏既需要深度修复微观基础，也需要充分调动市场主体积极性。修复市场主体微观基础，解决的是"能力问题"，调动市场主体积极性，解决的是"意愿问题"。这就需要做到以下四点：第一，"以经济建设为中心"成为主流的社会共识；第二，"发展是党执政兴国的第一要务"成为政绩考核的关键指标；第三，"市场化、法治化"成为现代社会契约的核心；第四，"两个毫不动摇"成为长期可信的承诺。

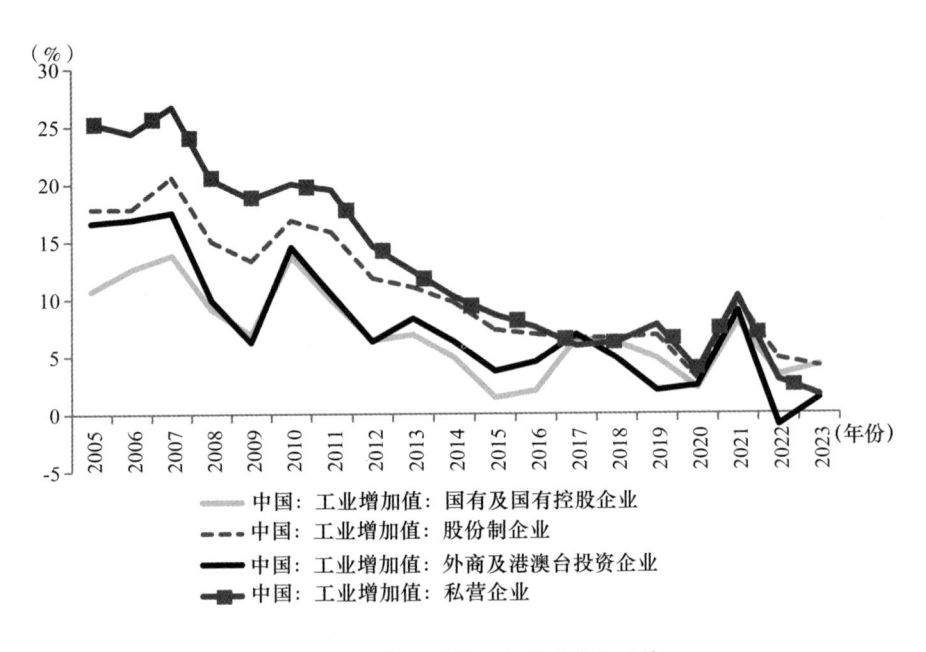

图 3-53 中国工业生产增速变化趋势

**挑战 3：在开放发展中巩固中国在全球产业链供应链中的地位**

当前中美等主要大国政治经济关系高度紧张，引发一系列连锁反应，使中国在全球产业链供应链的地位松动，这同时也导致中国稳外贸稳外资的短期压力急剧加大。2023年1—5月，中国对美国出口同比下降15.1%，对欧盟、日本出口同比分别下降4.9%、2.1%，尽管对东盟出口增长8.1%，但中国出口总额仅增长0.3%。2023年5月，中国对美国、欧盟、日本出口分别下降18.2%、7.0%、13.3%，对东盟出口下降15.9%，导致中国出口总额同比下降7.5%。

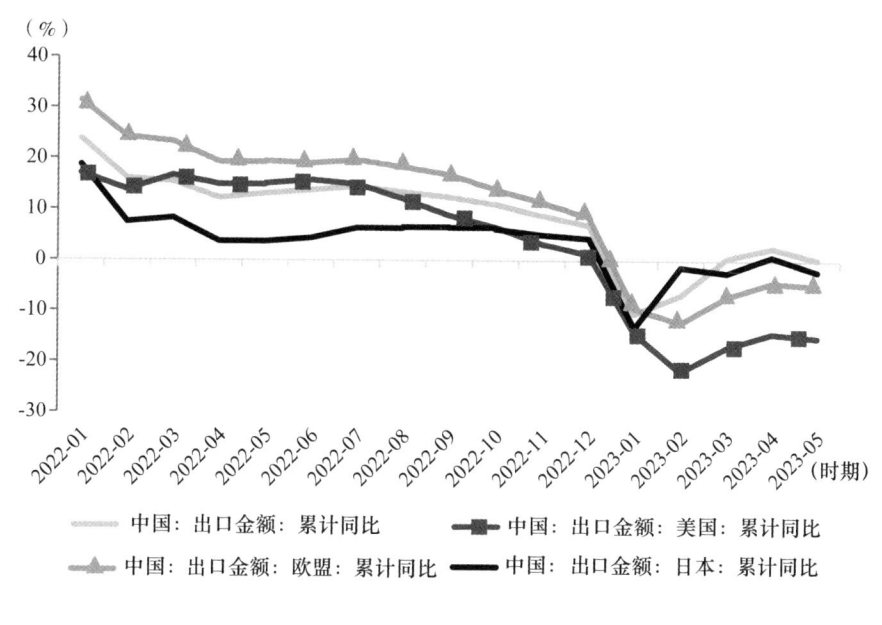

图3-54 中国对代表性市场出口变化情况（累计同比）

从中长期视角来看，中国的产业链供应链体系面临"内缩外移"双重叠加型的新风险，而且这种风险对中国经济表现为中长期影响，给中国经济的高质量发展带来不可忽略的负面冲击效应，可能严重干扰中国的现代化进程。从内生风险来看，持续三年的新冠疫情阻断了

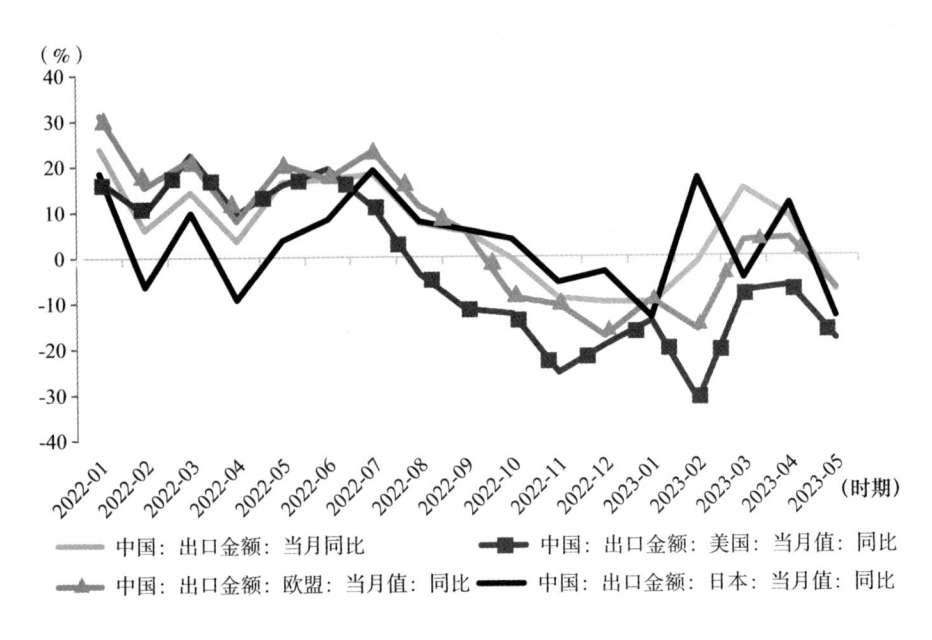

**图 3-55　中国对代表性市场出口变化情况（当月同比）**

国内与国外产业链供应链体系中各种要素资源的正常流动关系，削弱和阻碍了中国参与全球产业链供应链重构的战略空间。从外移风险来看，在以美国为首的西方国家推动和疫情冲击等多重因素叠加效应之下，全球重点制造业产业链供应链向印度和东南亚地区的转移和集聚现象凸显，可能对中国产业链供应链造成了难以忽略的竞争效应和替代效应。

第一，美国等西方发达国家已经初步形成针对中国产业链供应链全面进行竞争和遏制的同盟体系。一方面，美国等西方发达国家已经制定压制和排斥中国产业链供应链的政策体系。自2018年中美爆发经贸摩擦以来，美国及其同盟国试图重构全球产业链供应链体系，降低中国在全球产业链供应链系统的地位，将印度及东南亚塑造为新的供应链中心。2021年2月美国总统拜登签署《关于美国供应链的行政命令》，核心目标就是在全球产业链供应链体系层面实施"去中国化"策略，将印度和东南亚设定为主要替代目的地。另一方面，西方主要发达国家已经形成针对压制中国产业链供应链的共识以及利益共同体。2021年中国制造业增加值规模达到了31.4万亿元人民币，约合4.86万亿美元，约占全球制造业的1/3，相当于G7之和。中国制造业正在经历的以自主创新能力提升主导的转型升级过程，必然会在一定程度上对德国、日本、韩国、法国、英国和意大利等老牌和新兴制造业强国的利益造成竞争和挤压效应。这些西方主要制造业强国为了保持自身在全球贸易中的优势地位，与美国组建同盟体系来应对中国经济的发展。

核心问题是如何理解中美之间正在爆发的经济"脱钩"论。2018年以来，中美双边贸易及对各自对外贸易的重要性出现了逐步下降的重大现象。依据中国的统计数据，中国对美贸易占自身贸易总额的比例从2017年的14.21%下降到2022年的12.04%。而依据美国的统计数据，美国对华贸易占自身贸易总额的比例从2017年的16.34%下降到2022年的13.08%。预计到2023年，中美对彼此的贸易相互依赖程度仍然会延续逐步下滑的趋势，中美经贸关系是否正在发生"脱钩"的重要趋势，特别是美国逐步显露出在全球布局和构建所谓"去中国化"的全球化分工和贸易体系的重大战略转向，引发了国内外的广泛关注以及国内的普遍焦虑。客观事实是，自从美国前总统特朗普上台，就针对中国出口到美国的制造业产品采取了违背自由贸易规则的关税壁垒政策。而美国总统拜登上台以后，针对中国的科技创新和高端产业领域实施了全面封锁和围堵策略。一方面，美国拜登政府延续了特朗普政府时期对中国进口产品加征高额关税的政策，而且通过出台类似《芯片和科学法案》和《通胀削减法案》的一系列法案，进一步强化对中国科技创新和高端产品的全面排斥性和限制性举措；另一方面，积极谋划在区域层面通过搭建美国主导的、将中国排除在外的"印太经济框架"、美欧贸易和技术理事会等体系，试图依靠构建"排华供应链"分工体系来重构中美经贸关系。这其中，尤为引发普遍关注和焦虑的问题是，中美之间的经济"脱钩"现象，究竟是一个短期政策冲击效应现象，还是一个长期的结构性政策冲击效应现象？究竟是局部"脱钩"现象，还是整体"脱钩"现象？这是识别和理解中美之间经济"脱钩论"领域的更为重要的核心问题。

从目前结果来看，自2018年中美爆发经贸摩擦后，2019年美国、欧盟、日本从中国进口增速均出现不同程度的下滑，其中，中国对美国出口从增长11.3%转为负增长12.5%，对日本出口从增长7.2%转为负增长2.6%，对欧盟出口从增长9.8%下降为增长4.9%。2020年，由于新冠疫情在全球突然暴发，这一进程暂时中断，中国凭借产业链供应链率先复苏的优势扭转了不利局面；但2022年以来，随着疫情因素在欧盟各国、美国、日本等国家逐渐消解，这一进程再度重启，并在2023年进一步加快。2023年1—5月，中国对美国、欧盟、日本出口同比分别下降15.1%、4.9%、2.1%。截至2023年5月，美国在中国出口份额中的占比已从2018年的19.2%下降至2023年（1—5月）的14.3%，欧盟从16.4%下降至15.4%，日本从6%下降至4.8%。

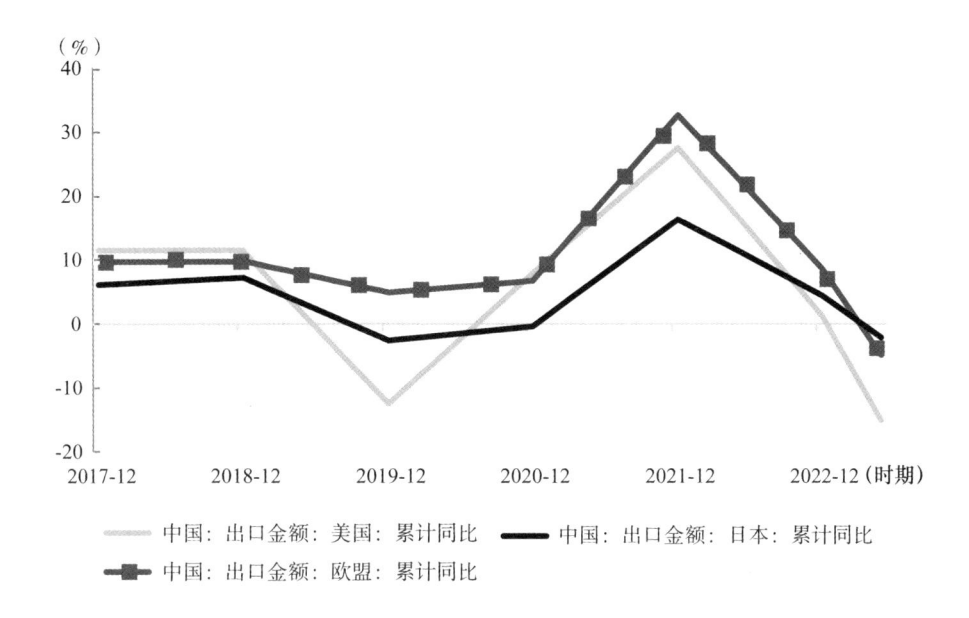

第三章　继续夯实复苏基础的 2023 年下半年中国宏观经济 **133**

**图 3-56　中国对代表性市场出口变化情况（年度情况）**

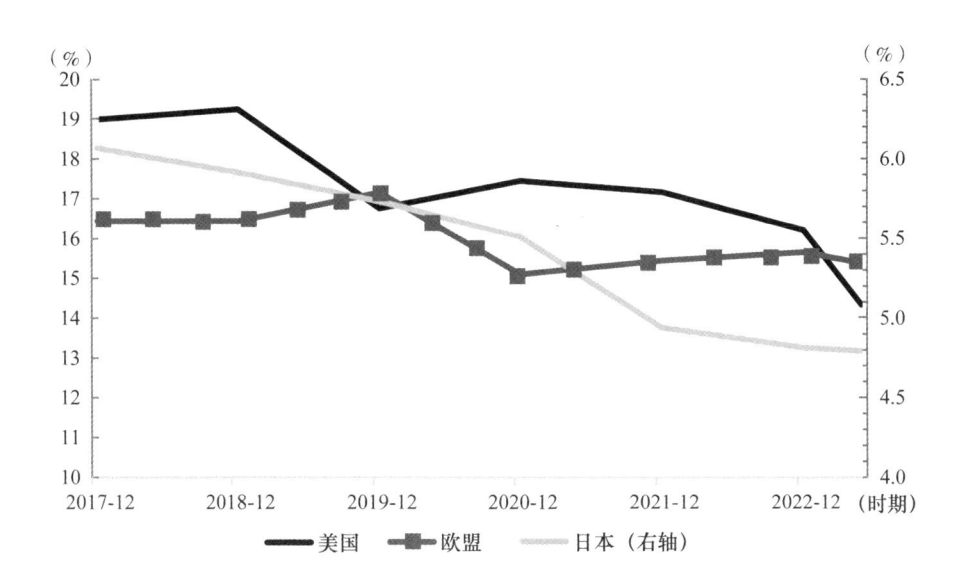

**图 3-57　中国对代表性市场出口变化情况**

第二，中国产业链供应链正在面临被迫转移和被动替代的重大风险。美国在2021年自身新冠疫情得到初步控制的情形下，将其国家战略重心重新聚焦到抓紧实施在自身国内产业链中的"去中国化"策略，限制中国获得全球产业链供应链的高端能力，试图削弱中国在区域性产业链供应链的主导能力。最值得高度关注的重大现象是，在多轮新冠疫情冲击之下，全球重点制造业产业链供应链向墨西哥、印度和东南亚地区的转移和集聚现象凸显，对中国产业链供应链造成了难以忽略的竞争效应和替代效应。印度商品和服务出口额快速增长，从2020—2021财年的5000亿美元增长到2021—2022财年的6760亿美元，进而增长到2022—2023财年的7700亿美元，不断创历史新高，其中，2022年商品出口额已超过4500亿美元。越南也已具备"世界工厂"的雏形。2021年越南进出口贸易额突破6000亿美元，2022年进一步突破7000亿美元，达到7325亿美元，其中，出口额超过3700亿美元，达到中国商品出口额的10%以上，而且外资成分规模高速增长，成为越南出口增长的主要驱动力。另外，值得关注的是墨西哥出口的高速增长，2022年墨西哥商品出口额达到近5800亿美元。墨西哥、印度、越南三国商品出口额合计达到中国商品出口额的40%。

核心问题是如何理解区域性分工和贸易体系是否会全面替代全球分工和贸易体系。虽然自从2022年下半年以来，中国、越南、菲律宾、印度、日本、韩国乃至中国台湾、中国香港等国家和地区均出现了对美国出口下滑的重大现象。然而，位于北美自由贸易区内的墨西哥却出现了对美出口持续增长的重大现象，2019年以来，美国从墨西哥进口的商品增加了1/4以上。2022年，墨西哥对美出口额为4550亿美元，同比增长18.2%，成为美国第二大贸易伙伴，加拿大是美国第一大贸易伙伴，而中国则降至第三位。在亚洲各国对美出口增速集体下降时，墨西哥2023年1月对美出口却同比增长25.6%，达到425.91亿美元。这背后可能反映出的重大事实是，美国不会再主动推动CPTPP等类似的大范围区域性分工和贸易体系，而将推动北美自由贸易为主的小范围区域性分工和贸易体系，设定为自身最为优先的发展战略。由此，似乎可以预测的一个重要现象是，全球制造业分工和贸易体系之中的局部性区域性自由贸易体系正处于加快发展期，区域性一体化导向的全球制造业分工和贸易体系全面替代全球范围内自由贸易体系导向的全球制造业分工和贸易体系似乎要迎来重要发展机遇期。美国正在加快实施强力扶持北美自由贸易区的重大策略，试图通过北美自由贸易区的发展中国家——墨西哥——来排斥和替代中国对美国的中低端制造业产品的出口空间，由此验证了全球制造业分工和贸易体系之中的区域性自由贸易体系对全球自由贸易体系的瓦解和替代现象。

第三，全球产业链供应链体系的重构与调整会迫使中国同时遭遇与多个国家或地区的矛盾和冲突。面临以美国为首的西方国家针对中国全面实施的全球产业链供应链重构和调整战略，印度和越南等南亚和东南亚国家必然会基于自身利益最大化原则，主动利用这个战略机会深度参与到针对中国产业链供应链的围堵和压制行为中，必然会利

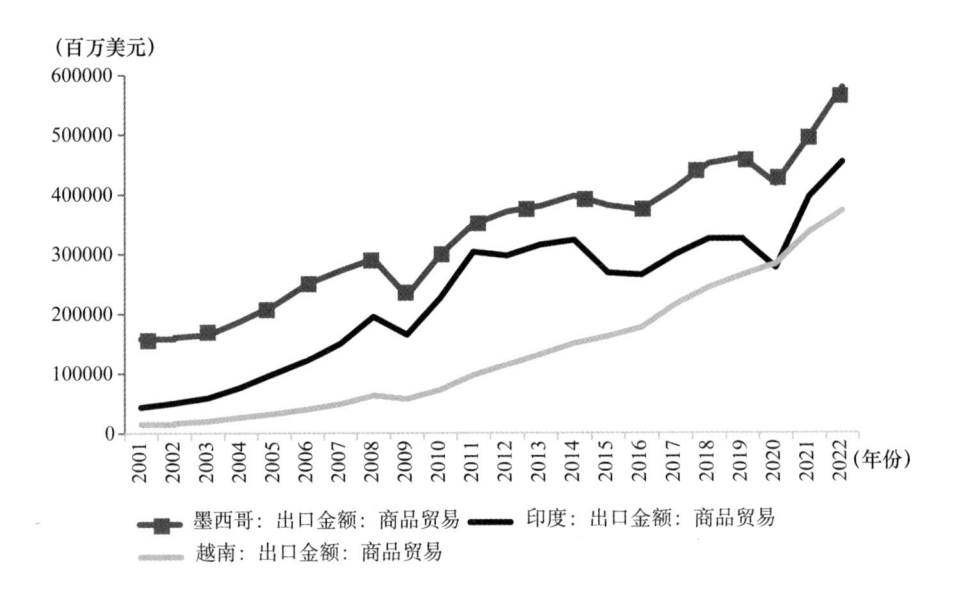

图 3-58　墨西哥、印度、越南商品出口额增长情况

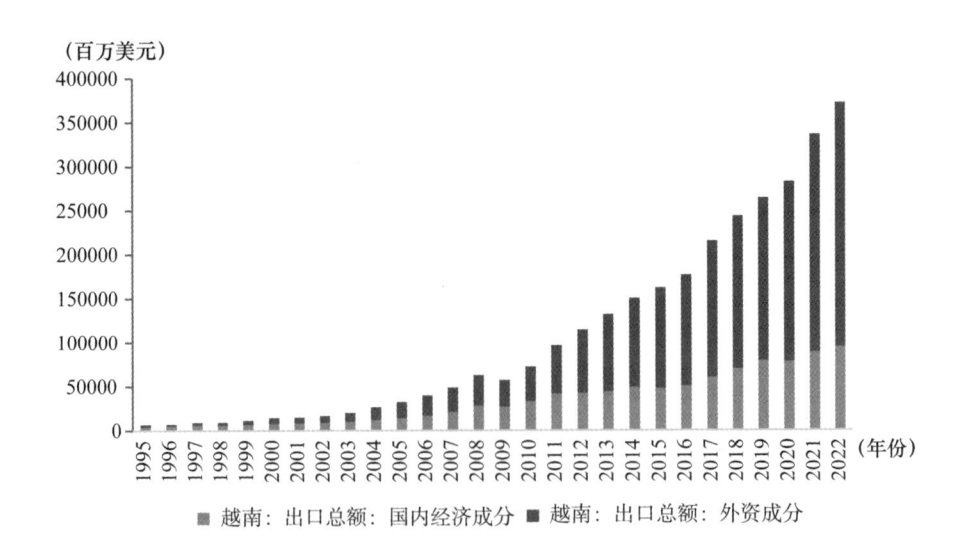

图 3-59　越南商品出口额的构成变化情况

用全球产业链供应链重构和调整机会抢夺中国制造业份额。为此，可以预判的基本事实是，在今后一段时期之内，一方面，以美国为首的西方国家，必然会采取一切可能拉拢和游说印度和东南亚国家参与压制和围堵中国产业链供应链，且这一力度必然会加强。而且，日本和韩国必然会深度参与到针对中国产业链供应链的围堵和遏制体系之中。中国主导的 RECP 很有可能面临被削弱和破坏的风险，中印、中日、中韩和中越等之间的各种矛盾冲突面临同时激化的巨大外部风险。另一方面，美国推进的以排斥中国产业链供应链为主的"印太"战略可能会取得显著进展。而且，美国等西方国家必然会利用俄乌冲突事件的机会，炮制和实施针对中国的各种经济制裁举措，鼓吹自由无价的价值观同盟体系，进一步制造和放大中国产业链供应链不安全风险，依靠制裁和法令双重手段强迫位于中国的发达国家跨国公司迁回本国或外移到印度和越南等国家。不仅如此，美国不断利用激化台海冲突来强迫中国台湾地区与大陆之间的产业硬"脱钩"。客观事实是，中国台湾地区的集成电路产业和高端制造业依附于美、日等西方发达国家主导和掌控的全球产业链供应链体系，美国可能会主动制造和激化台海冲突，强迫台湾地区和大陆之间产业链供应链关系的弱化和局部脱钩，进一步压缩中国产业链供应链的全球发展空间。

第四，在全球产业链供应链重构的背景下，自主创新能力相对不足迫使中国本土产业链供应链体系难以进一步深度参与到全球产业链供应链体系。客观事实是，推动全球产业链供应链重构的核心导向已经不再是劳动力成本优势，而是独一无二的自主创新能力和本国市场需求规模因素。在全球"自由贸易"必然转向"对等贸易"格局之下，只有拥有强大的自主创新能力体系国家，方可保障自身的贸易增长和贸易利益机会，最终决定全球贸易体系的走向和治理机制变革。因此，从长期来看，中国能否在重点产业链的关键设备、关键零配件和元器件、关键材料、关键工艺和工业设计软件系统等"卡脖子"领域全面自主突破和维持长期创新领先优势，才是决定中国产业链供应链体系全球发展空间的根本性因素。然而，迄今为止，中国在"卡脖子"领域自主突破面临根本性的制约因素：一方面，尚未形成国有企业和民营企业、大规模企业和中小微企业依据产业链协作关系组合而成的创新联合体系，迫使很多"卡脖子"领域的自主突破被"卡"在国内某一环节的缺失方面；另一方面，各级政府对"卡脖子"领域的支持政策，存在碎片化、分散化的各自为政倾向，并未依据这些领域的创新链和产业链分工协作特征形成政策合力效应。更为重要的是，各级政府的支持资金均倾向于投向产业化环节，而针对基础研究和应用基础研究的支持资金严重缺乏，针对从基础研究到应用开发和中间试验研究的支持政策也普遍缺位。这些短视政策严重违背了"卡脖子"领域自主突破的科学规律。

面对美国试图对中国实施的全局性"脱钩"行为，欧盟针对中国试图实施的局部性"脱钩"行为等重大现象，如何进行主动应对和积极化解，确立中国当前在全球制造业分工和贸易体系之中的新定位与新优势？

第一，中国迫切需要确立"在不同方面守住制造业增加值占全球份额不同底线"的总体发展战略,具体来看,就是要实施以"守住劳动密集型制造业全球基本份额、扩大资本密集型制造业全球份额、延伸创新密集型制造业全球份额"为导向的发展战略。客观事实是,能否持续性拥有以制造业为主的实体经济的全球竞争优势,特别是在中国面临愈加错综复杂的全球经济和产业零和式博弈和竞争的特定格局背景下,中国能否在未来30年的关键发展时期持续将自身的制造业增加值占GDP比例稳定在25%以上,能否将自身的制造业增加值占全球份额维持在25%以上,这可归纳为中国制造业的国内国外"双25%份额"原则,在相当程度上决定着中国式现代化重大国家战略的顺利实现。然而,在我们看来,仅仅守住中国制造业的国内国外"双25%份额"原则是不够的,而是要深入中国制造业内部的结构性变化趋势。一方面,需要清醒认识到的是,鉴于中国会在较长时期存在大量农民工和低技能人口的客观事实,特别是广袤的农村地区和乡镇区域仍然需要劳动密集型制造业来稳定就业和创造政府税收收入,因此,中国必须在未来若干年内在现代化产业体系之中保持一定体量的劳动密集型制造业份额。依据我们的观察和分析,中国有必要将劳动密集型制造业增加值占GDP比例长期守住10%的底线份额。另一方面,要充分挖掘和释放中国制造业的转型升级过程所蕴含的高技术高收入就业岗位创造能力,所蕴含的高质量投资驱动型增长模式,所蕴含的巨额创新研发投入等特定机制对GDP的核心支撑作用。因此,要将推动中国未来一段时期内资本密集型制造业增加值占GDP比例和全球份额,创新密集型制造业增加值占GDP比例和全球份额的持续增长，设定为中国经济增长的主要动力机制。我们认为，可以具体地将中国制造业增加值占 GDP 比例和全球份额分别维持在 15% 以上。这可归纳为中国制造业的国内国外"双 15% 份额"原则。

第二，中国必须全面转向依赖自身当前和未来快速扩张的需求市场所蕴含的买方力量，作为维持自身全球第一大规模的制造业体系和推动自身制造业体系升级的关键基础性条件，尤其要将之设定和利用成为中国深度参与乃至深刻影响全球制造业分工和贸易体系演化趋势的决定性力量。客观事实是，从驱动当前全球制造业分工和贸易体系演化趋势的核心因素，正在发生本质性的变化趋势，其中，最重要的变化趋势是劳动力成本优势因素在全球制造业分工和贸易体系之中的影响力逐步下滑，低层次的产业链供应链完整性优势因素的影响作用也呈现逐步弱化态势，而庞大的本国市场需求规模、全球独一无二的资源、技术创新或生产工艺能力，在全球制造业分工和贸易体系之中的影响力得到逐步强化，逐步成为在碎片化全球贸易体系、区域性自由贸易格局和对等贸易原则下的全球制造业分工和贸易体系演化趋势的驱动因素。这其中，需要关注的核心因素是，一国自身需求市场规模，正在逐步上升为全球制造业分工和贸易体系演化态势的决定性驱动因素，可以将之归纳为"劳动力禀赋优势驱动下的全球制造业分工和贸易体系"转向为"一国国内需求市场规模优势驱动下的全球制造业分工和贸易体系"的发展规律，即"技术创新控制型的全球制造业分工和贸易体系"向"买方市场力量控制型的全球制造业分工和贸易体系"驱动模式的全面转变。在这种情形之下，不仅是中国能否继续维持作为全球最大规模制造业体量层面的国家优势,而且,中国能否推动在 2035 年的人均 GDP 达到中等发达水平的中国式现代化阶段性目标的实现,都必须将发展基础构筑在制造业转型升级的基础层面,依赖于全面构建深刻体现高水平科技自立自强和自主可控的本土产业链供应链体系主导的现代化产业体系层面,从而在维持中国制造业的"量"优势基础上再实现"质"的持续提升,最终实现"量领先、质提升"的中国制造业在全球竞争新格局下的新发展模式。

第三,中国必须深度考虑和前瞻性应对存在全球两个"技术平行体系"甚至"制造业分工和贸易平行体系"的可能性。随着中美经贸关系之间全局性"脱钩"现象的发生和强化,特别是在科技创新领域以及中高端制造业分工和贸易体系这两个领域发生相互脱钩和彼此隔离现象,必然会促使中国和美国这两个全球最大的经济体逐渐出现发展对立态势,进而形成两个发展利益相互竞争的全球"技术平行体系"甚至"制造业分工和贸易平行体系"。由此,要理解随着中美这两个全球最大的发展中国家和发达国家之间正在全面发生的科技创新和高技术产业之间的相互竞争和隔离行为,导致全球可能出现的两大"技术平行体系"甚至"制造业分工和贸易平行体系",不能将之狭隘地理解为中美之间科技创新体系或制造业分工贸易体系的相互隔离体系,而是要关注中美之间的全局性"脱钩"行为很有可能会延伸到所有的经济社会领域。这其中,全球一体化的金融系统也很有可能会形成两大相互隔离式的独立运行体系。这就给中国构建全球人民币结算系统以及强化人民币成为全球货币的国际化进程提供了绝佳的发展战略机会。众所周知，美元霸权是美国维持全球霸权的核心支撑之一，一旦美国的美元霸权发生动摇，必然会严重削弱美国的经济、产业、科技创新、人才等核心领域在全球的影响力和控制力。由此，美国就必然会面临要在制造领域实施和推进全球两个"技术平行体系"甚至"制造业分工和贸易平行体系"，必然会催生全球两个"金融体系"产生的两难困局和利益权衡。在我们看来，就中国而言，面对美国针对中国实施的全面围堵和封锁策略，主动适应和积极应对由此形成的"全球两大技术平行体系""全球两大制造业分工和贸易平行体系"和"全球两大金融体系"的新格局，很有可能是利大于弊的发展战略。一方面，这会使中国能够更加专注于通过开发本国国内市场需求升级换代所蕴含的全球独一无二的完全基于国内创新链产业链供应链融合发展的自主可控产业循环体系的关键机遇，来实现从"制造大国"到"制造强国""创新强国"的转型升级；另一方面，有利于中国依靠培育全球独一无二的"翻番式国内市场需求规模+消费者升级换代蕴含的中高端市场需求机会→本土需求驱动型发展模式+需求引领创新→本土供给侧结构性转型升级"的需求和供给相互支撑型循环式良性发展机制，塑造支撑中国从中等收入国家顺利进入初等高收入和中等高收入国家的序列的经济内生性增长动力机制。

第四，中国必须将培育和强化重点产业体系之中深刻体现的高水平科技自立自强和以掌握关键核心技术创新为主导的自主能力，设定为维持和塑造当前和未来全球制造业分工和贸易体系之中的全球竞争优势，推动全球制造业分工和贸易体系持续扩张的基础性手段。客观事实是，重点产业体系的垄断资源和绝对领先的技术创新能力，似乎正在成为影响全球制造业分工和贸易体系演化态势的主导力量。鉴于以成本比较优势导向的全球制造业分工和贸易体系全面转向垄断性创新优势导向的全球制造业分工和贸易体系的现实，能否在全球制造业分工和贸易体系的诸多关键核心技术创新环节具备长期的自主能力和垄断能力，越发成为一国能否影响和推动全球制造业分工和贸易体系演化态势的决定性因素。无论是在自由贸易体系还是对等贸易体系之中，无论是在全球性贸易体系还是区域性贸易体系之中，只有那些在关键核心技术创新领域具备长期自主能力和绝对垄断势力的企业和国家，方可具有参与全球制造业分工和贸易体系的绝对实力。"自由贸易"可能遇阻甚至发生局部消亡的态势，但是，全球贸易是不可能消亡的。或者说，以美国为首的西方国家与中国等新兴大国的自由贸易空间可能遇阻，但是，发展中国家之间的自由贸易不仅不会消亡，甚至会出现逆势扩大的较大机遇。由此，中国在主动应对未来充满不确定性和残酷发展利益竞争的全球制造业分工和贸易体系之中，需要有两个方面的核心策略立场：一方面，只要中国在全球重点产业链体系之中的关键核心技术创新领域掌握越来越多的自主可控能力，形成与西方发达国家在全球创新链产业链供应链之中的"相互摧毁式"的博弈地位，中国就不可能被美国等西方发达国家排斥在全球制造业分工和贸易体系之外，是中国在全球创新链产业链供应链体系之中的绝对领先地位和垄断能力，决定了中国在全球自由贸易体系之中的未来位置和拓展空间；另一方面，中国要前瞻性地利用自身全球独一无二的具有翻番式增长空间的需求市场规模优势，积极成为推动所有新兴国家和发展中国家自由贸易和双边贸易体系的倡导者和主导者，实施以构建"发展中国家之间全球自由贸易体系"倒逼"发达国家之间全球自由贸易体系"的新策略。

**挑战4：在改革开放中解决中国经济面临的深层次扭曲问题**

经济波动背后的因素可归结为四方面摩擦（扭曲），即生产效率冲击、劳动力摩擦、投资摩擦、财政摩擦。我们利用中国2000—2022年季度数据，采用核算模型［最优增长模型+四种时变楔子/摩擦/扭曲（wedges）］，测度中国经济深层次扭曲问题：一是由实际数据及均衡条件估算四种摩擦；二是测度各扭曲成分对于经济波动的边际解释力度（考察只引入特定一种摩擦模型时的模拟结果对于实际数据的拟合程度）。

1. 中国经济波动及扭曲成分测度

新常态以来，中国经济实际产出、消费、投资有持续下行压力；2019年年末疫情暴发，导致产出、消费、投资走势大幅下跌（虽然经济从2020年第二季度开始有所恢复，但进入2022年经济形势再次恶化）；2022年以来，劳动力相比于之前开始出现较大幅度的趋势性下滑。

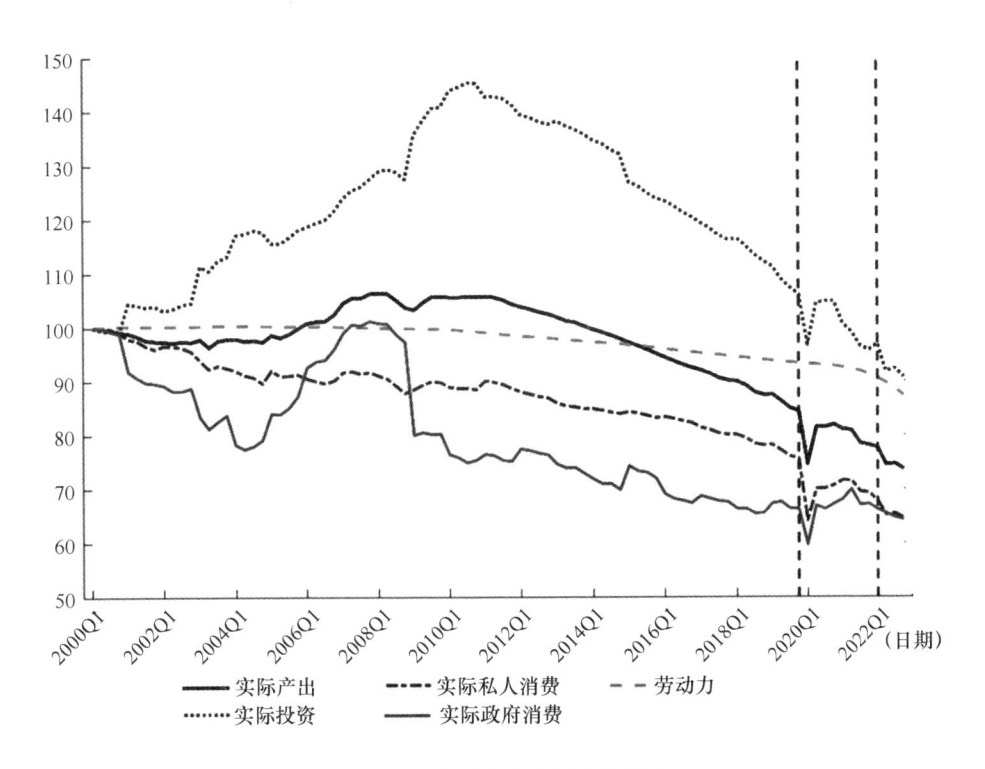

**图 3-60 中国宏观变量走势测度**

新常态以来实际产出持续下行，背后是生产率、劳动力和财政扭曲程度加大。疫情以来产出下跌，背后是生产率以及劳动力扭曲程度显著加深。虽然 2020 年第二季度后开始有所缓和，但进入 2022 年后，产出和经济扭曲程度再次恶化。值得注意的是，投资效率在疫情期间维持了较高水平（扭曲程度降低），可能原因是投资总量下降带来效率的提升。

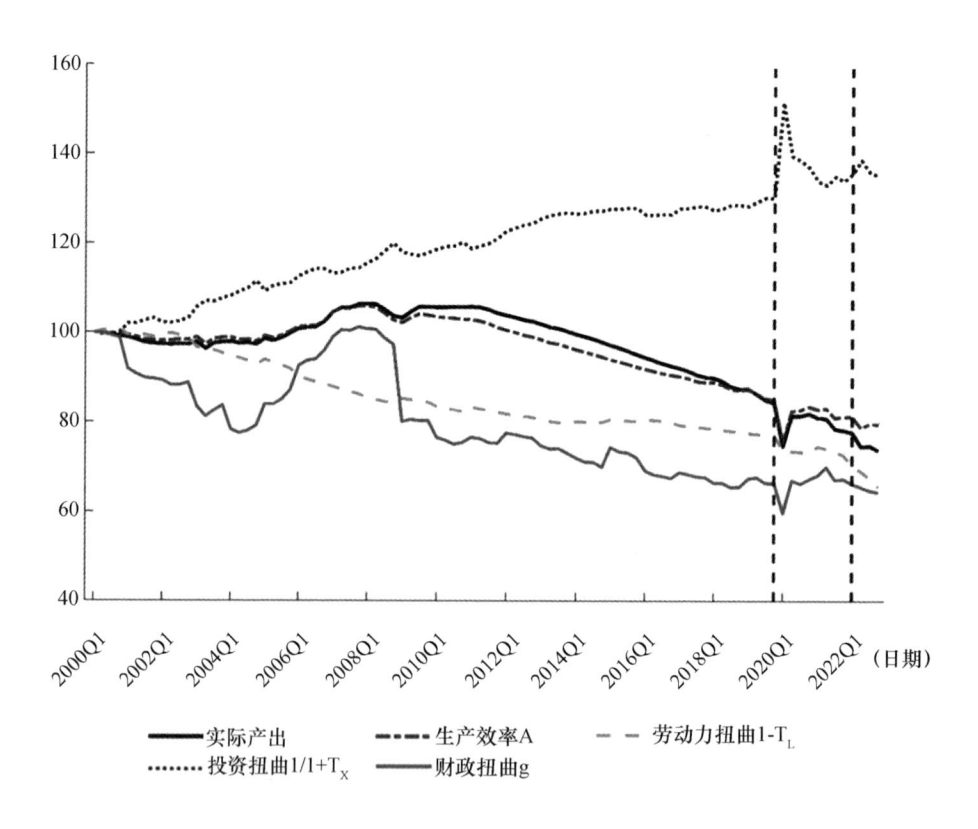

**图 3-61　中国经济波动及扭曲成分测度**

### 2. 各扭曲对产出及主要变量的边际解释力比较

新常态以来,生产率冲击是解释产出波动的最重要因素,而只考虑投资或财政摩擦难以解释产出路径。但疫情期间,仅考虑生产率冲击模型模拟的产出路径对实际产出的拟合度与之前相比有较大下降,劳动力市场扭曲解释力增强。特别是从 2021 年开始,需要充分考虑劳动力市场扭曲对经济的新的影响。

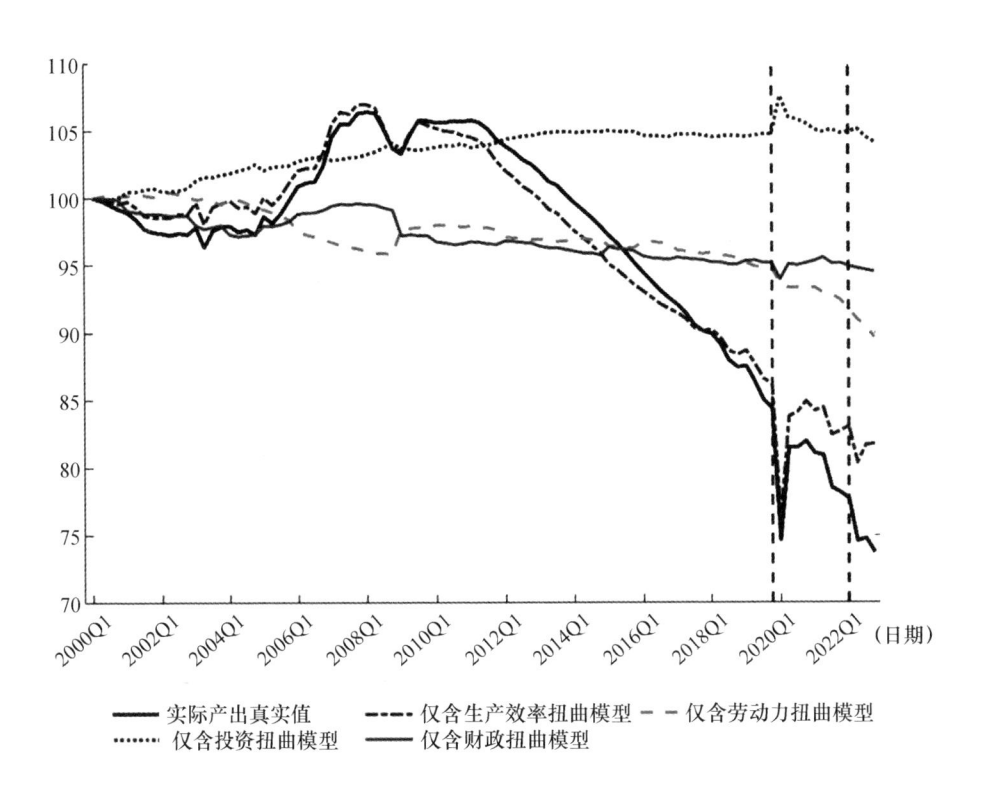

**图 3-62　各扭曲对产出的边际解释力比较**

劳动力摩擦是解释真实劳动力路径的首要因素，其次是财政扭曲。2021年开始劳动力市场摩擦急剧加大，经济中劳动力水平出现急剧下滑。同时结合此前对生产率冲击的分析可以推断，劳动力市场摩擦和生产率冲击成为导致疫情期间经济下行的两个最重要诱因。

生产率冲击最好地捕捉了真实投资的变动趋势。但是疫情开始阶段生产率模型模拟的投资水平下降幅度远高于真实投资水平，因此，解释疫情后的投资路径需要进一步考虑投资摩擦程度在疫情期间降低，部分抵消了生产率模型产生的投资过度下降。宏观经济变量走势图中投资水平整体在疫情期间下降，但是投资效率提升，这说明并非投资效率低下导致疫情期间投资下滑。

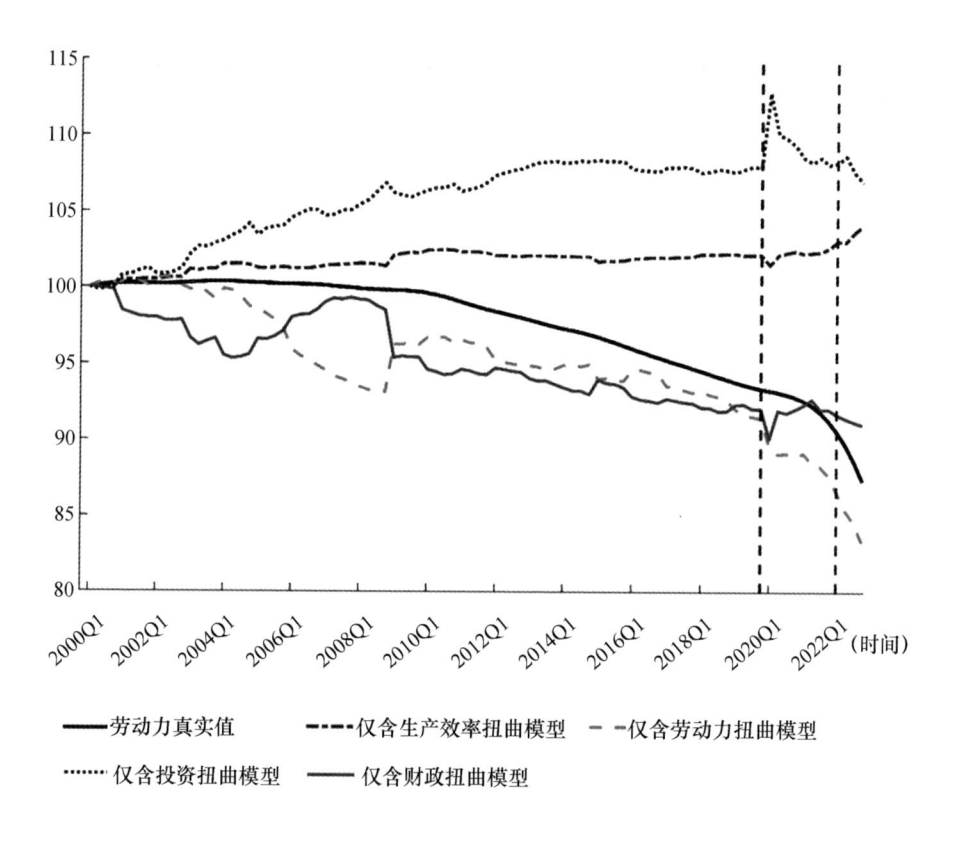

图 3-63　四种扭曲对劳动的边际解释力比较

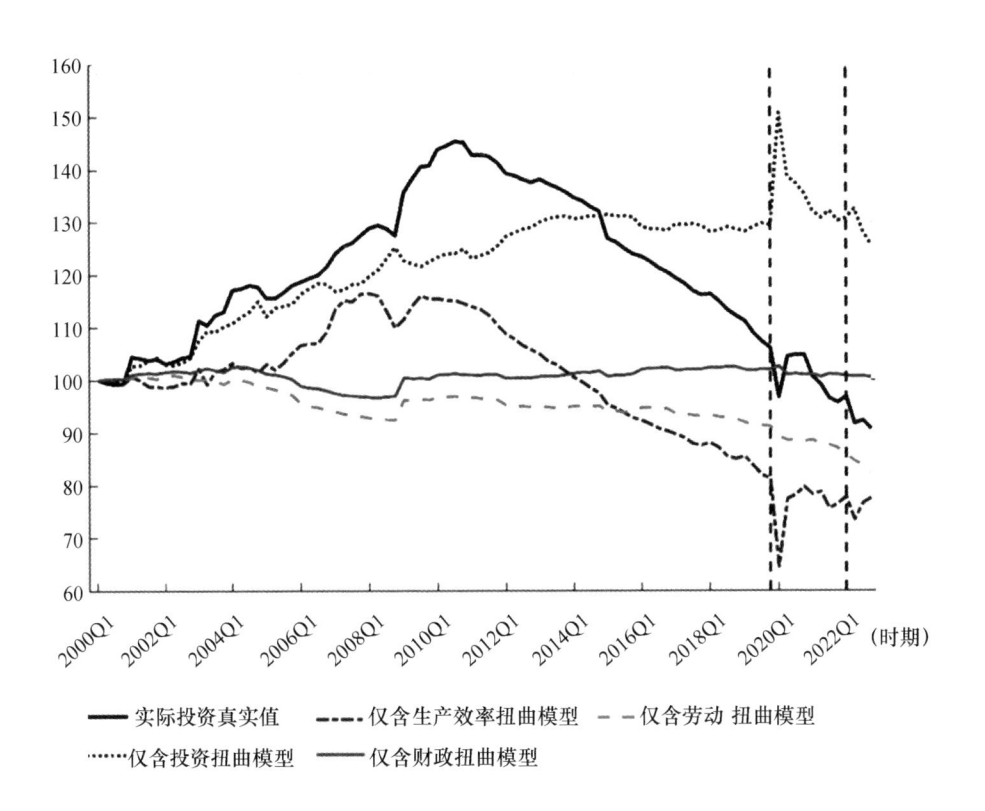

# 第三章 继续夯实复苏基础的 2023 年下半年中国宏观经济

**图 3-64 四种扭曲对投资的边际解释力比较**

长期以来,生产率冲击和投资扭曲是解释消费增长路径的主要因素。但是疫情以来,投资扭曲对消费的解释与真实消费路径出现分化。现阶段,理解消费波动需综合考虑生产率和劳动力扭曲。此外,投资扭曲在解释产出、劳动力和投资时的作用都较为有限,但在疫情前能很好地模拟消费路径,可能是因为中国高储蓄—高投资、消费不足这一机制将投资端摩擦与消费相联系起来了。

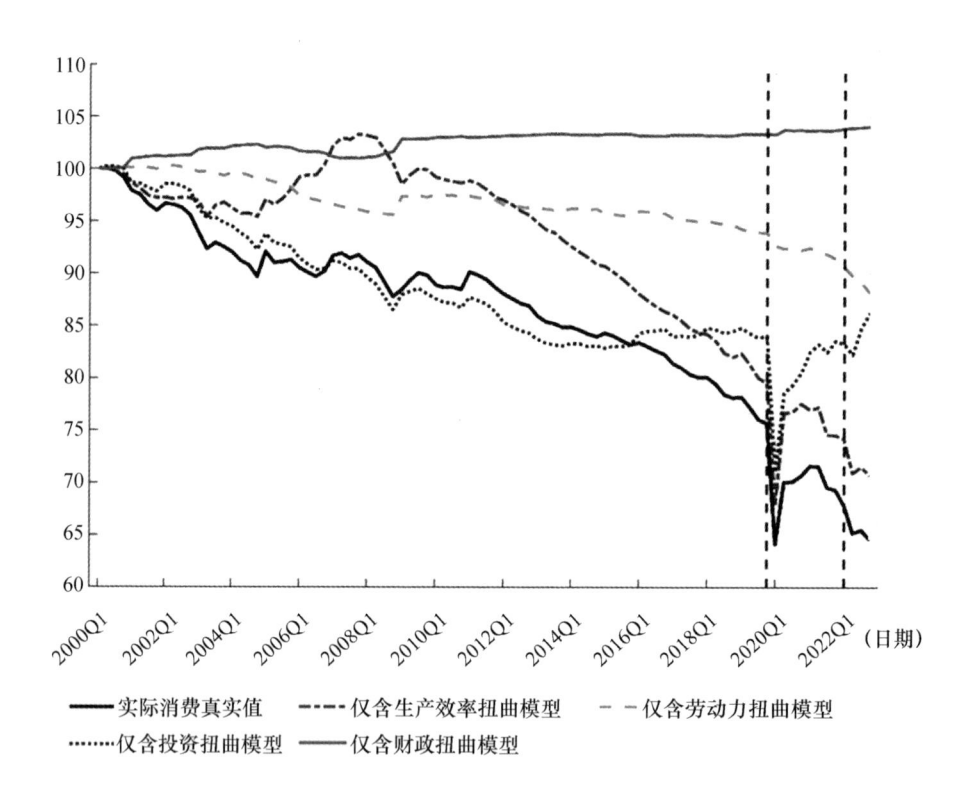

图 3-65　各扭曲对消费的边际解释力比较

通过以上对中国经济面临的深层次扭曲问题的测度和分析，我们可以得出以下主要结论：生产率冲击对解释长期以来的中国宏观经济波动具有首要意义；生产率下滑和劳动力市场扭曲在疫情期间变得较为严重；劳动力市场扭曲对解释2021年以来的经济形势具有重要价值；疫情期间投资效率保持高位说明并非投资效率低下导致投资下滑。

综上所述，本轮中国经济复苏要面向解决或缓解四大挑战：一是在复苏过程中解决发展不平衡不充分的矛盾累积问题；二是在复苏过程中全面修复微观基础和充分调动市场主体积极性；三是在开放发展中巩固中国在全球产业链供应链中的地位；四是在改革开放中解决中国经济面临的深层次扭曲问题。

# 第四章

# 结论与政策建议

2023年是疫情干扰消退、经济秩序归位的一年。中国宏观经济不仅呈现出企稳回升态势，而且在低基数效应下保持较高同比增速。2023年中国宏观经济的核心任务是实现恢复性增长、促进微观基础修复，进而重返扩张性增长轨道。2023年上半年，在前期积压需求释放、政策性力量支撑和低基数效应的共同作用下，中国宏观经济恢复性增长势头强劲，需求收缩、供给冲击、预期转弱三重压力得到不同程度的缓解，呈现出"触底反弹"的运行特征。然而，当前宏观经济的回暖向居民就业和收入状况的传导、向企业绩效状况的传导、向市场信心和预期的传导，还存在着明显的时滞和阻碍。"宏观热、微观冷"成为2023年上半年中国经济的另一突出特征。这使对本轮中国经济复苏更为关键的——微观基础和预期的改善，进而实现从恢复性增长向扩张性增长的转变，依然面临巨大挑战。对于本轮疫后经济复苏，必须实事求是地看待当前形势与疫情前在微观基础、市场预期、运行模式、外部环境和政策空间等方面的异同，特别是清醒地认识到微观基础和外部环境的恶化，2023年经济复苏将面临比以往经济周期更严峻的困难和挑战，复苏进程也将更加脆弱。不同于以往经济周期，在经历了三年疫情管控之后，本轮中国经济复苏不仅将经历社会秩序与交易修复阶段、资产负债表修复阶段、常态化扩展阶段三个不同阶段，而且在阶段转换上也可能会遭遇阻碍。当前中国经济复苏正处于从第一个阶段向第二个阶段转换的关键期，这既是中国经济的恢复性增长期，也是各种潜在风险显化和矛盾的集中爆发期。2023年、2024年两年需高度关注六大短期风险和四大中长期挑战可能带来的系统性影响。对此，我们从十三个方面提出以下若干条政策建议供决策参考。

## 1. 适度强化经济增长目标并追加相匹配的政策举措

考虑到2023年经济增长向微观基础改善、传导效应减弱，尤其是就业、收入和利润创造效应下降，而微观基础又亟待修复，建议将经济增长5%左右作为全年宏观调控的底线目标而非基准目标，以此确立2023年下半年宏观政策定位，促进宏观经济实现更充分的复苏、微观基础得到更深度的修复。

第一，在"面对战略机遇和风险挑战并存、不确定难预料因素增多"的背景下，2023年《政府工作报告》中提出"国内生产总值增长5%左右""城镇调查失业率5.5%左右"的预期目标。考虑到2023年上半年经济增速高于预期，但是向微观基础的传导还存在明显的时滞和阻碍，出现了"宏观热、微观冷"的局面，2023年下半年有必要继续保持强劲的增长势头而不能提前回撤。

第二，满足稳就业保民生需要以及与"十四五"规划目标要求相衔接，隐含了较高的经济增长底线。根据本书的测算，要满足就业需求，2023年中国经济增速需维持在5%以上的水平，非农就业人数与上年持平，但就业质量继续下滑；若经济增速达到6%左右，非农就业恢复到2019年状况，就可以逐步消化部分隐性就业存量，使就业质量保持稳定甚至回升。

第三，2023年下半年至2024年上半年是中国经济疫后复苏的关键阶段，中国需全程保持较为宽松的宏观政策环境，利用积极财政政策和宽松货币政策组合，支持呵护经济复苏进程，并在"十四五"规划项目实施和战略布局调整中加快培育国民经济循环的内生动力。

第四，为保证全年经济目标的基本完成，使中国经济回到健康运行区间，中国宏观调控政策工具箱需要在中期进行扩容和工具创新。在一系列不确定性因素的冲击下，现有政策包可能难以满足2023年第三季度至2024年第一季度持续复苏的要求。地方政策储备、财政支持力度及各种不确定因素冲击可能导致经济难以持续反弹，也就难以保证补偿性反弹转化为趋势性复苏。为保证全年经济目标基本完成，使中国经济回到健康运行区间，中国稳经济一揽子措施需要在中期进行扩容和工具的创新，从地方转向中央，从存量转向增量，从投资转向消费与投资同时发力，特别是要提前规划超常规政策以防范局部经济下行突破底线的风险。

## 2. 实施更加积极的财政政策和宽松的货币政策

随着中国经济步入疫后复苏新阶段，经济工作的重点从短期救助转向有效需求快速扩展，建议加大扩内需力度，特别是促消费和稳投资力度，实现向市场型深度复苏的顺利转换。《2023年国务院政府工作报告》所提出的五项政策和八项重点工作，应尽快出台更明确更有力的操作方案，积极回应社会关切和市场期待。

第一，随着中国经济复苏运行至阶段转换的关键期，供需缺口扩大的现象将再次出现和强化，形成中国经济循环常态化的瓶颈性约束。应进一步刺激国内需求，在内需没有恢复到疫前水平或正常水平前，刺激经济的政策都是有效的。同时，应对未来外需衰退风险也需要发展内需。发展终端消费有助于促进产业链深度和全面修复，对包括中小微企业和脆弱群体就业在内的整个经济有益。

第二，新阶段不仅要着力扩大有效需求，更为重要的是要快速缩小已经扩大的供需缺口，需求扩展速度必须大大快于供给扩展速度。这就需要我们将政策的核心从经济主体简单的行政救助和保生存阶段转向全面提高企业订单和市场需求阶段。供给端扶持政策必须让位于需求端刺激政策，加快投资需求和消费需求的扩张，通过促进供需平衡来恢复市场的循环。在阶段转换的关键期，如果没有快速的有效需求扩展，很可能面临需求缺口进一步扩大、就业难题全面显化等问题，因此供给扶持必须全面转向需求扩张，缓解产能过剩和企业存货积压。因此，对生产者的资金救助应当转向订单扶持和政府采购，对于生产者扶持应当转向消费者补贴。

第三，针对"五个20%"乱象出台专项治理方案。在复苏进程中出现的这"五个20%"现象极不正常，表明相关领域压力已经突破自我修复能力，可能会步入"死胡同"，不仅难以期待其随着经济复苏而自动好转，反而会形成中国经济局部领域的恶性循环。因此，必须及时介入，增强宏观政策取向一致性，在此基础上，出台专项治理方案。集中治理好"五个20%"，也就等于牵住了中国经济复苏的"牛鼻子"。

3. 综合考虑目前中国宏观经济的运行状况，除了有必要实施更加积极的宏观经济政策，还需在政策层面上做出一些明确和有针对性的策略选择，超越常规性政策组合

结合国内外在应对疫情危机中所采取的宏观政策经验教训，新一轮的扩张性政策应该注意以下几个要点。

第一，继续实施积极的财政政策和稳健的货币政策。国内外相关经验表明，与货币政策相比，财政政策有目标更加精准和时滞较短的特征。考虑到中国目前的经济状况，没有财政政策的加持，货币政策的传导周期长，目标精准性差，而且容易导致家庭和企业部门债务负担进一步上升，累积金融风险。同时，中国非金融企业和家庭部门已经历了十多年的杠杆率较快上涨，目前处于较高水平，在悲观预期下

进一步加杠杆的意愿较弱。而政府部门特别是中央政府的杠杆率目前仍处于较低水平，具有较大的政策空间。

第二，积极的财政政策应以中央政府为主，以地方政府为辅。近十年来，中国地方政府债务规模和杠杆率出现了较快上涨，累积了较大的金融风险，且存在明显的可投资项目与融资能力的错配。集中表现为，财政能力较强的地区基础设施也相对完备，投资的边际效果较弱；而需要重点加大基础设施建设的地区，往往财政能力较差。中央政府无论是在解决资金—项目错配方面还是应对杠杆率上升和防范债务风险方面，甚至在降低融资成本方面，都更有可操作性。

第三，积极的财政政策应以实施"补贴性"政策为主，辅以减免税费政策。在三年疫情期间，企业部门和家庭部门面临收入流下降甚至清零的情况。在此情况下，各种税收减免形式的政策对很多企业和家庭的帮助有限。目前应该扩大对家庭部门的补贴以及对稳就业做出巨大贡献的中小企业补贴。

第四，财政补贴应该以直接补贴家庭为主，以补贴企业为辅。由于中国存在大量非正规就业，只依赖企业部门进行补贴容易造成政策不到位的情况。不妨通过各种财政和金融优惠手段对家庭部门进行直接补贴。补贴要具备一定的力度和持续性，能够在稳定公众预期方面发挥作用。

第五，加强货币政策和财政政策的协调，处理好稳增长与财政赤字和通货膨胀之间的优先顺序，理顺部门目标与整体目标之间的关系。积极的财政政策的实施时期，应该加强财政和货币政策的协调，避免过度强调部门目标而损害宏观经济政策的整体效果。

2020年全球新冠疫情暴发之后，欧美国家采取了极度扩张的财政和货币政策。尽管这些政策一定程度上存在各种副作用，但不可否认的是，这些政策对快速稳定发达国家的总需求起到了积极作用。疫情暴发之后，在各国积极的财政政策和货币政策的共同推动下，各国需求端相较于供给端已经率先恢复。货币政策与财政政策在疫情期间避免了内需的快速萎缩，企业因此得以避免破产危机。总需求在较短时间实现重新启动，有利于避免整体经济因需求持续收缩通过资产负债表效应而造成长期损害。各国解除疫情封锁后，劳动需求增加，失业率降低至历史最低水平，疫情期间被抑制的需求被充分释放出来。为什么发达经济体的总需求可以实现快速的反弹？这得益于发达国家在疫情暴发之后所实行的扩张性财政和货币政策。与2008年主要实施非常规货币政策不同，疫情之后美国通过扩张性财政政策，对家庭和企业发放纾困补贴。这种形式的财政政策帮助货币供给跨越了传统的货币政策，通过金融市场向实体经济的传导过程，比较有效地解决了货币政策传导渠道不通畅的问题，有效地缓解了总需求不足。尽管扩张性的财政和货币政策在美国等西方发达国家造成了通货膨胀，但是应该注意到本轮发达国家的通货膨胀问题是多种原因的产物，全球性的生产网络重构和疫情冲击造成的全球生产链断裂以及俄乌冲突等供给层面的原因发挥了重要作用。因此，我们应该特别注意美国该政策组合在刺激总需求复苏方面的积极效果，并且应该积极借鉴发达国家的相关经验。与此同时，还应该看到与发达国家相比，中国在供给层面与发达国家存在显著不同，中国经济增速下滑的主要原因不是供给层面的原因，而主要是总需求不足造成的，面临的风险不是通货膨胀而是通货紧缩。

**4. 落实更加积极有为财政政策应在已出台政策的基础上，科学组合搭配一揽子政策，着力疏通宏观经济循环堵点**

第一，利用财政扩张资金，出台"3万亿消费刺激和收入补贴计划"，以保障基本民生、重振市场需求，打破居民"消费—储蓄"行为过度保守化倾向，疏通宏观经济循环堵点。

第二，关注局部区域财政收入崩塌的问题，特别是自然灾害高发期基层财政收入突变带来的各种民生问题。建议扩大财政平准基金的规模，设立过渡期基层财政救助体系，同时适度弱化财政收入的目标，防止地方政府通过加大税收征收力度和非税收等方式，变相增加市场主体的负担。

第三，延续、优化、完善税费优惠政策。建议减税降费从生产端向消费端和收入分配改革扩容，调动居民消费积极性。必须高度重视目前消费增速下滑的趋势性原因，巩固和扩大中国居民的消费基础，发挥超大规模市场优势。一是积极优化个税改革方案，减少工薪阶层的税收负担；二是加大对公共服务均等化改革，提高公共服务的可获得性；三是针对2023年收入波动风险，做好针对低收入阶层的消费补贴预案，防止宏观经济波动对低收入阶层的过度波动；四是制定对中产阶层消费启动战略,特别是消费升级的促进战略——重视中产阶层家庭杠杆率的过快上升,尊重杠杆率的演化规律,通过建立相应的债务风险缓释机制,促进消费平稳增长,针对汽车等耐用品消费进一步放松限购和加大专项减税降费政策力度。

5. 积极应对国际税收竞争和新一轮国际减税浪潮的挑战,减税降费要精准有力

一方面,当前中国面临十分复杂的外部环境,企业投资创新动力亟待提升,连续性、精准性、实质性减税降费政策依然能够明显激发微观活力,促进产出和就业增长;另一方面,减税降费作为供给侧结构性改革"降成本"的核心,实质在于减轻企业负担,保持企业在国际竞争中的优势。因此,为应对国际税收竞争和新一轮国际减税浪潮的挑战,我们应该延续、优化、完善多项税收优惠政策,这主要包括以下几个方面。

第一,通过评估清理部分涉企财政补贴拓宽减税降费的空间。地方财政的支出压力使很多地方的减税降费政策难以实质性落地。财政支出结构仍有很大的调整空间,当前应该积极调整财政支出,释放财政尤其是地方财政的压力。一个重要的努力方向是动态评估和清理部分涉企财政补贴。这些补贴消耗了巨额财政资源,然而大量研究表明,一些财政补贴会扭曲企业行为,损害资源配置效率。很多对企业的直接财政补贴不仅起不到预期效果,反而成为一些低效甚至"僵

尸"企业持续下去的依赖,同时企业骗取财政补贴现象也时有发生。

第二,妥善分解财政和社保基金的减收压力。减税降费是中共中央、国务院着眼经济社会发展全局作出的重大战略部署。大规模减税降费的同时,政策用自己的"紧日子"换取老百姓的"好日子"。这意味着减税降费带来的收入低下会对地方政府造成一定的财政收支压力。对某些地方政府的财政可持续性带来挑战。另外,随着中国老龄化进程的加快,社保降费也可能会留下隐患。这需要合理、周密地在央地间分解减税降费的工作任务和减收压力,积极探索增加社保基金收入的途径(如国有资产划拨)。中国五项社会保险的单位法定缴费率接近30%,仅基本养老保险的单位法定缴费率就达到20%,远远高于美国6.2%的企业缴费率水平,社保缴费率有很大的下降空间。只有妥善协调好了财政稳定和社保基金缺口问题,当前实质性减税降费才有可能持续深入下去。

第三,降低企业所得税税率。2022年12月13日,美国税收基金会(Tax Foundation)发布《2022年全球公司所得税税率报告》,报告显示,过去几十年全球和区域企业所得税法定税率平均水平呈下降趋势。全球180个司法管辖区测算的企业所得税法定税率的平均值为23.7%。中国现行的《中华人民共和国企业所得税法》自2008年实施迄今已逾10年,25%的企业所得税法定税率已经不具有优势。特别是与中国周边国家相比,现行企业所得税税率更是显得过高。例如,2019年,印度政府宣布通过一项税法修订法令法案,将境内公司的企业所得税从30%降低到22%,制造业甚至降低到15%。为了使中国企业在国际竞争中保持有利地位,建议主动适应国际减税大趋势,进一步降低企业所得税税率。

第四,放宽企业固定资产折旧规定,缩短折旧年限。这也是可以努力的减税方向,能够在短期内起到快速降低企业实际税负的效果。从国际比较来看,现行 G20 国家的企业所得税制中仅阿根廷、巴西、中国、德国和墨西哥对部分设备器具等固定资产规定了 10 年的资产折旧年限,而加拿大、法国、美国和南非等国均将固定资产折旧年限设定在 3 年以内。可以考虑扩大设备器具等固定资产加速折旧方法的适用范围,降低中国企业有效边际税率。如将《关于设备器具扣除有关企业所得税政策的通知》所确定的固定资产加速折旧适用范围从新购进设备、器具扩展到最近几年内购进的、尚未折旧完的设备、器具。

第五,免征小微企业所得税。大量中小微私营企业、民营企业,其税后利润分配还需缴纳个人所得税。当前,国内外经济形势错综复杂,中国经济下行压力较大,为中小微企业"松绑"已经摆在十分重要的位置。特别是人员有限的小微企业,还需要花费大量时间与精力准备台账、申报表等财务资料以按时报税、缴税,税款收入相对于企业的税收遵从成本而言其实得不偿失。可考虑完全免征小微企业的企业所得税,将减轻企业税负进一步落到实处,还可以起到对小微企业的"放水养鱼"、培育税源、促进就业的效果。

第六,进一步清理各类涉企收费和政府性基金,切实降低企业非税负担。税外各类收费助长了某些地方政府的不规范行为,破坏了市场秩序，给企业带来沉重负担，是造成企业对减税降费政策获得感不强的重要根源，也是政府收入秩序失衡的主要原因，清理规范行政收费应当成为近期为企业减负的着力点。另外，政府性基金是地方政府非税收入的重要组成部分，加大清理政府性基金的力度也是近期减税降费政策的重要抓手。

第七，要使减税降费政策产生长期、稳定的效果，避免税费负担反弹，还应该致力于构建有利于减轻企业税费负担的长效机制。包括完善分税制财政体制和完善地方税收体系；推进税制结构优化，降低间接税比重，提高直接税比重；转变政府职能，进一步降低企业制度性交易成本；落实税收和收费法定原则，约束地方政府行为；等等。

6. 灵活适度的稳健货币政策，应该充分发挥其面对突发情况的灵活性，与积极财政政策的实施形成时间和空间上的配合，更好地发挥预期引导作用和政策乘数效应

解决政策利率传导和风险分担机制问题，推动贷款利率下行。

第一，在内需持续回落、外需急剧疲软、金融风险缓释、通缩风险加大之时，货币政策应避免松紧摇摆的取向，低利率政策依然是市场复苏的一个十分重要的基础，特别是实际贷款利率的下降仍是稳投资的一个关键。

第二，在新一轮信心构建的窗口期，即使在长端利率刚性、金融

资源对于实体经济渗透力下降的环境中，适度宽松货币政策也具有必要性，依然是引导预期、防止过度收缩、配合积极财政政策的必要工具。

第三，保持 M2 增速平稳上行，继续保持全社会流动性合理充裕，为预防各类金融指标内生性的收缩预留空间。2023 年上半年，中国物价运行保持总体稳定。但 CPI、PPI、GDP 平减指数涨幅出现回落，亦让市场出现对通缩的担忧，预示着短期内通胀压力减小、通缩风险加大。宽松货币政策应该减少对通胀的过度顾虑，2023 年年末再根据价格形势变化调整货币政策定位。

第四，关注货币投放方式变化对于货币传导的冲击，2023 年可以逐步降低金融机构的存款准备金率的方式完成货币投放。对内需要关注 M0 和 M1 增速变化，丰富央行货币发行的渠道，加大银行准备金率降低的幅度，提高中国安全性资产的供给，加大货币市场的深度；对外关注美联储政策的调整以及金融市场的异变。

第五，鉴于货币政策调控框架转型往往会带来基础货币供给节奏不稳定、供给工具不确定、供给对象不透明等问题，为防止市场流动性紧张时期引发市场紧张情绪，导致市场资金面和利率出现不必要的波动，货币政策除常用的公开市场操作工具外，应当通过常备借贷便利、中期借贷便利等一系列创新型工具向市场注入流动性，以强化引导市场预期。

第六，在控制债务过度上涨的过程中，货币政策的工具选择十分重要，价格型工具对于高债务企业的调整更为有利。目前宽松的货币政策定位应当在数量型工具盯住流动性的基础上，以价格工具为主导，同价格水平预期目标相匹配。

第七，在经济下行压力加大和不确定性上扬的背景下，央行应通过适度"降准"和下调 MLF 利率，对商业银行的风险溢价加点进行有效对冲。近年来，央行通过小幅"降准"和降低 MLF 利率引导 LPR 利率小幅下降，但在经济下行压力加大和不确定性上扬的背景下，市场风险溢价客观上是趋于上升的，商业银行在 LPR 的基础上通过风险溢价加点，导致企业最终获得的一般贷款利率未必能够得到有效降低。

第八，在改革继续推进、金融创新不断涌现、利率市场化尚未彻底完成的情况下，货币政策应注重加强预期管理，更加注重引导社会预期，以提高货币政策的有效性。全面扭转市场悲观预期，就必须打破以往传统的"小步微调"调控节奏，避免金融环境的收紧快于市场预期是货币政策预期管理的核心要点。

第九，打破悲观预期自我实现的恶性循环，货币政策必须抓住目前短暂的窗口期，将宽松的力度提升到一定水平，而不能采取事后追加的模式，失去引导预期的作用。一旦中国步入资产负债表衰退阶段，中国货币政策的效率也将随着中国经济出现断崖式下滑，从而带来巨额的调整成本。

第十，稳健货币政策的工具箱需要扩张。由于大改革与大转型期间的波动源具有多元性和叠加性，货币政策工具必须多元化，常规政策工具难以应对目前的格局。非常规货币政策需要进行前瞻研究，如未来出现形势恶化的极端情形，中国的政策篮子并不拒绝采取非常规宏观政策。

7. 宏观审慎监管政策需要与逆周期货币政策协调配合，重点在于"市场秩序建设"而非松紧力度的摇摆，从而在防范风险积累的同时，避免造成市场预期的紊乱

第一，金融风险的缓释和预防反复，依然是宏观审慎的核心。近年来金融风险已经得到有效缓释，但未来一段时期都将处于信用违约常态化阶段。货币政策、宏观审慎监管、微观审慎监管以及其他金融目标的一体化显得更为重要，也是科学制定货币政策的前提。

第二，疫后经济复苏的特殊时期，宏观审慎监管需要强化货币投放、信贷投放、社会融资投放之间的关系，使货币政策与金融监管相互配合。建议采取"适度宽松货币政策"+"金融监管改革"的组合，以保证实体经济面临的货币条件的相对稳定。

第三，宽松货币政策必须辅之以"市场秩序建设"。中国资本市场缺陷的弥补以及恢复金融市场配置资源的能力是适度宽松货币政策实施的一个重要前提。否则，宽货币、宽信用下金融领域的泡沫很可能进一步诱发资金"脱实向虚"，导致实体经济与虚拟经济的背离，最终导致"衰退性泡沫"的出现。

第四，"稳金融"应当以"不发生系统性金融风险"为底线，不宜过度定义，必须对局部环节的金融问题和金融风险的暴露有一定的

容忍度。局部风险的集中暴露有利于我们形成有效的改革路径，否则资源配置的方式和结构以及各种潜在的风险无法暴露。

第五，宏观审慎监管必须从系统性金融风险的指标监管向一些结构性因素监管倾斜。经过近三年的风险缓释操作，2023、2024 年两年对于重点城市、重点省份的债务可持续性风险的监控、对于部分行业和部分产品风险的监控显得尤其重要。

第六，在高债务环境中，不仅要保持适度宽松的货币政策，同时还要对大量的僵尸企业进行出清、对高债务企业进行债务重组，对银行以及相关企业的资产负债表进行实质性的重构。存量调整是增量调整的基础，存量调整基础上的"积极财政政策＋宽松货币政策＋适度强监管"依然是我们走出困局的核心法宝。

## 8. 坚持稳增长与防风险相统一

防范信用风险超预期爆发，宏观政策应把握好稳增长与防风险的动态平衡。在当前阶段，确保经济保持相对平稳增长，是防风险的前提和基础。

第一，加大扩张性政策力度，运用结构性政策加强对微观市场主体的呵护。当前市场信心的稳定已成为扭转预期转弱、减缓需求收缩的关键，宏观政策操作应慎重出台具有收缩信号或收缩效应的相关政策，尤其需要运用好结构性政策，加大对受冲击的微观主体的呵护。在政策措施上，除了前期采取降准等措施推动信用宽松之外，后续货币政策在保持总量宽松的同时，要注重结构性工具的运用和创新，对实体经济实施精准滴灌，推动宽信用效果尽早显现。除落实好现有的定向降准、再贷款、再贴现等政策措施外，可以推动担保机构及再担保机构加大对中小企业的担保力度，为其获取金融资源提供支持；同时针对当前中小企业面临的困难加大的情况，要再度推出中小企业延期偿还贷款本息、利息减免等政策，推动金融机构向实体经济让利。在财政政策方面，建议将阶段性税费缓缴政策一次性延长至2024年年底。

第二，积极稳妥化解房地产风险，促进房地产市场平稳健康发展。房地产涉及面广、产业链长且具有准金融属性，房地产长期累积的风险需要有节奏地出清，做好跨周期安排，避免地产调整与金融体系及地方政府债务等产生风险共振与叠加。在房地产行业风险加大背景下，应首先稳定相关方，包括金融机构、地方政府、上下游合作企业以及消费者对于房地产市场持续健康发展的信心，避免集中刺破房地产泡沫从而导致风险集中爆发。一是针对房地产企业的合理融资需求，建议进一步适当增加开发贷及按揭贷款的额度，待房地产企业恢复正常的信用债融资途径后，再缓步降低银行对于房地产行业贷款的集中度。二是针对住房消费的真实需求，建议在对非理性投资性需求进行遏制的同时，适度保护或鼓励住房消费，通过增加供给等手段将房地产价格引导至合理区间，促进房地产市场实现软着陆。三是针对地区差异及企业差异，建议房地产融资政策的落实要"因企施策"，一视同仁满足不同所有制房地产企业的合理融资需求，避免企业在政策约束下激进去杠杆,加剧流动性风险。四是从中长期角度看,应尽快培育新住房产品、新住房消费场景、新兴技术应用等领域新的经济增长点,引导资源有序向更好地满足居民需求和高质量发展领域配置。

### 9. 把握信心提振的窗口期,将中期视角的"预期管理"作为各项宏观政策的统领和重要抓手

在外部环境存在高度不确定性、内需增长势头出现放缓和结构分化达到新的临界值的背景下,简单的预调、微调已经不足以应对宏观经济日益面临的加速性下滑风险,而必须借助于中期视角的"预期管理"。

第一,必须旗帜鲜明地着力扩大国内需求,坚定不移地推出一系列稳内需政策,引导市场主体形成一致预期,确保经济运行在复苏轨道。由于预期依然低迷,目前除了总量性的收缩,更在工业生产领域、高技术产业领域和消费领域出现了严重的结构性紧缩效应。要推动消费从疫后恢复转向持续扩大,培育壮大新型消费,大力发展数字消费、绿色消费、健康消费等新的消费增长点。

第二,新一轮的信心构建必须从 2023 年年中开始全面启动,应对需求紧缩效应的进一步显化。前期积压需求和存量政策效果的充分释放叠加较低的基数效应,能够支撑 2023 年第二季度经济增速反弹的力度相对强劲,确保完成 2023 年上半年恢复性增长、总体失业率

下降的短期政策目标。第一阶段复苏效应开始产生积极预期，出口的综合表现也为中国集中精力稳定内需带来了宝贵的窗口期，同时金融风险的缓释和美欧货币政策的阶段性缓和也带来一个相对稳定的金融市场和外部环境，这对于重建市场信心提供了非常有利的重要时点。

第三，高度重视各类微观主体行为模式变异的宏观经济后果，特别是居民消费行为和企业投资行为的过度"保守化"倾向，不仅导致经济复苏节奏放缓，也将导致一些传统政策手段以及预调微调模式的失效，必须要有针对性的政策举措，要激发有潜能的消费，加大有效益的投资，并且达到一定的力度。尤其要避免宏观经济负向反馈链条的出现，损害中长期经济增长潜力。高度重视大规模隐性失业和收入下滑引发预期恶化问题，加快推出以补贴家庭、保障民生为起点，以刺激消费、提升市场需求为中介，以最终既保企业又稳就业为结果的"规模性消费刺激和收入补贴计划"。只有市场主体行为模式有效扭转，市场需求才能有效回升，而只有需求有效回升，减税降费和金融扶持政策才能更好地发挥作用，企业才会扩大生产和投资，拉动更多就业和居民收入增长。提升企业的产能利用率和周转率也必须要有充足的订单和市场需求，否则生产越多就亏损越多，无法持续。

## 10. 坚持底线思维和极限思维，应提前建立并及时启用非常规政策工具

面对国际局势的高度不确定性，不仅要考虑到基准情景下的经济

下行压力，还要意识到 2023 年、2024 年两年可能发生的极端情形。除了旗帜鲜明地从结构性扩展向总量扩张转变，还需要建立非常规政策储备并根据需要及时使用。

第一，发行 1.5 万亿元 1 年期数字人民币，按照 1000 元/人标准全民发放，用以保民生、促消费、稳增长。所发行的数字人民币在有效期内视为现金自由使用。该政策直达家庭部门，不存在中间环节，可以确保及时高效地发放到位；该政策对于低收入家庭和高收入家庭的收入改善幅度不同，自动产生收入分配调节效应，并保障基本民生；该政策基于有效期限制，可放大消费乘数效应，极大地提振短期消费需求；在需求收缩和 CPI 低迷的背景下，该政策不会产生较大的通胀压力。按照 70% 的实际使用率和 1 倍的消费乘数效应保守估算，本项举措可以拉动全年经济增速提升 0.9 个百分点。

第二，为配合基础设施项目的扩大，可以发行政策性专项建设基金，并将相关基础设施建设进行有效分类，加大对于现金流难以覆盖的相关项目的扶持力度，改变专项债在使用上面临的各种约束，适度创造新的基建融资工具。

第三，扩大再贷款和抵押补充贷款（PSL）的力度和覆盖范围，对于重点行业和重点区域进行扶持，以达到数量和价格双重定向宽松。PSL 的准财政性质主要体现在通过引导金融机构向国家政策导向的实体经济部门提供低成本资金，能够和再贷款工具一样保障重点领域信贷投放。在疫情之前，PSL 主要为棚改提供资金支持，随着 2019 年棚改工作进入收官阶段，PSL 新增的月数减少而且规模持续缩小，

2020年2月之后再无新增，月度变动均为净归还。当前经济形势下，建议PSL能够再次放量，发挥积极作用。当然，与之前的用途不同，PSL新增资金可以重点支持新基建、新型产业以及地方政府相关项目。参考2019年的情况，有新增的月数为6个月，新增2670亿元；若下半年再次放量，即便比照2019年的低水平，也能有2000亿元以上的增量空间。

**11. 切实保障和改善，需提高就业弹性和失业保险覆盖范围，应对经济下行和民生冲击叠加带来的"双重风险"**

总需求下滑与民生冲击叠加不仅会使当前经济陷入困局，还会加剧市场主体对未来的悲观情绪，对2023年的宏观管理带来更为严重的挑战。面对"双重风险"，要坚持尽力而为、量力而行，兜住、兜准、兜牢民生底线。短期内既要加大民生保障支出，更要突出就业优先导向，保就业的重要性大于保工资，通过提高工资弹性应对成本冲击。一是对受到需求不足持续冲击可能诱发失业风险的局部行业、局部地区，制定有针对性的干预措施或引导措施；二是对近期面临较大困难的行业要研究专门的解决办法，结合产业政策、消费政策、税收政策等进行；三是重视企业特别是民营小微企业面临的经营困境，从多个维度为企业减负，扶持政策应结合就业目标进行；四是放宽对"地摊经济"的限制，进一步推动"夜间经济"复苏发展，扩大灵活就业的生存空间；五是通过就业补贴等工具引导企业的用工行为，同时更加注重对青年失业群体的就业引导;六是重构未来的就业政策体系,积极就业政策要更加积极,目标从充分就业转向高质量的充分就业,为提高就业质量做准备,消极就业政策要更完善,进一步健全社会安全网,做好托底准备。

12. 着力打通生产、分配、流通、消费各个环节,加快构建新发展格局,培育新形势下中国参与国际合作和竞争新优势

第一,第一短期内以弹性汇率政策应对全球经济调整期和资本市场振荡期的挑战。一是欧美持续的大通胀是美联储和欧洲央行等主要国家货币政策转向的原因,未来一段时期内中国货币政策的节奏将与全球主要央行出现分化,保持人民币汇率在合理均衡水平上的基本稳定是应对2023年外部波动风险的核心。二是内部经济稳定依然是基本出发点,汇率调整和资本项目开放的改革都必须服从这个目标。鉴于2023年各类因素叠加的不确定性,中国对外经济政策应当采取保守主义策略,以稳固中国经济企稳的基础。三是汇率市场化改革仍然是释放汇率机制缓冲外部冲击作用的关键,是提高中国经济弹性和韧性的有效途径。从稳定金融市场的角度看,应该未雨绸缪,为应对人民币汇率和资本异常流动做好准备。

第二,中长期内以培育壮大国内市场大循环应对全球贸易摩擦和产业链供应链重构风险。中国核心利益是谋求跨越"中等收入陷阱"的国际战略空间,而中国跨越"中等收入陷阱"的基础性因素在于能

否促进自主创新能力体系和实施"国民收入倍增计划"的力度,这二者之间存在非常重要的相互支撑和相互制约关系。因此,决定中国产业链安全和优势维持的内生动力来源于中国内部,不会在根本上被全球化逆流发起的战略竞争和博弈策略所动摇或遏制。

一是有效利用政府和市场的双重激励作用,尽快实现制约当前和未来重点产业链和战略性新兴产业体系的关键核心技术创新的全面突破,保障中国产业的全球竞争力和国家安全。

二是尽快制订和实施中国版的"国民收入倍增计划",发挥内需驱动型发展战略的主导作用,充分激发国内高端消费对中国经济高质量增长的支撑作用,适当管理美国等少数敌意发达国家对中国核心产业链产品链的投资和并购行为,尽快促使中国成长为第一大进口国,扩大中国对外战略的回旋余地。

三是超越国有企业和民营企业的简单二分法,处理好国有企业和民营企业在中国当前和未来重点产业链和战略性新兴产业体系中的协同作用,特别是要把握好二者在破解、化解制约重点产业链和战略性新兴产业体系的"卡脖子"关键核心技术创新领域的共同作用,尤其是要重视股份制企业在中国市场竞争机制的基础性作用。

四是谋求当前和未来重点产业链和战略性新兴产业中的"卡脖子"关键核心技术创新领域的新技术新产业发展的新机会,谋求发展与中国迅速扩张和升级的国内高端需求市场相互支撑的全球有影响力的本土高技术跨国企业,谋求在中国重点实施"国民收入倍增计划"支撑下所蕴含的新基建、新消费、新业态、新产业的庞大发展机会。

第三，开启新一轮全方位改革开放来解决我们面临的深层次结构性与体制性问题，持续释放制度红利，巩固疫情前中国全要素生产率企稳回升的不易成果。以构建高标准市场经济体系为目标，推动要素市场化改革落地，通过提高资源配置效率提升中长期经济增长潜力。在经济复苏全面完成后，必须以构建高标准市场经济体系为目标，加快推出新一轮改革开放。事实上，虽然近年来改革攻坚取得成效，制度红利开始加速上扬，推动资源配置效率和全要素生产率企稳回升，但是新一轮的改革红利还没有完全释放，尚未承担起拉动中国经济常态化增长的重任，在潜在增速持续下滑的背景下，在中期规划和设计新一轮基础性、引领性改革方案的基础上，果断推出以推动形成国内市场大循环为导向的新一轮结构性改革，本身就具有紧迫性。

13. 针对当前中国产业链供应链面临的外移内缩的新型风险，要有全新的前瞻性持久性的应对战略思维，确立中国在全球制造业分工和贸易体系之中的新定位与新优势，巩固中国在全球产业链供应链的地位

第一，科学判断和把握全球制造业分工和贸易体系之中客观存在的螺旋式上升变化格局，尤其要理性把握中国正处于依靠构建自主可控的本土创新链产业链供应链体系，推动下一轮全球自由贸易体系形

成的关键时期。从历史发展经验来看，存在"前一轮全球自由贸易兴起→全球自由贸易的停滞甚至倒退→孕育下一轮全球自由贸易兴起"的螺旋式发展路径。因此，中国必须科学认识和正确把握全球制造业分工和贸易体系之中的这种变化态势。一方面，中国要有坚定的战略定力，始终将推动全球自由贸易体系作为自身的根本性国家战略。即便面临美国针对中国实施的全局性脱钩行为策略、欧盟针对中国实施的局部性脱钩行为策略、印度等新兴大国针对中国实施的竞争性行为策略等多重压力，中国也没有必要采取从坚持全球自由贸易体系的战略立场退缩的短视策略，而是始终将构建"互利共赢"式的全球制造业分工和贸易体系设定为自身对全球的价值观贡献。另一方面，在始终坚持全球自由贸易体系和全球经济治理机制的前提下，中国需要正确认识到当前阶段自身在维持全球自由贸易体系之中的特殊地位和核心作用，也就是说，当前中国的最优策略并不是一味盲目坚持和推动全球自由贸易体系，而是要认识到现阶段中国的核心任务是尽快打造自主可控的本土创新链产业链供应链体系，只有中国能够在当前全球制造业分工和贸易体系之中拥有自主可控能力，方可具备推动全球下一轮自由贸易体系兴起和扩张的基础性力量。

第二，主动利用全球处于不同发展阶段的不同国家和地区对全球制造业分工和贸易体系的异质性需求，以前瞻性、战略性、全局性的思维，主动调整和发挥中国自身在全球制造业分工和贸易体系之中的异质性影响作用。一方面，针对全球发达国家利益集团、新兴国家利益集团以及发展中国家利益对全球制造业自由贸易或对等贸易的异质性需求特征，中国要在全球制造业分工和贸易体系演化态势之中主动实施差异性的导向政策。针对美国及其紧密盟国正在实施的全局性"脱钩"行为策略，中国必须尽快实施凭借自身未来翻番式和快速升级换代的本土市场需求规模所蕴含的自主可控产业链供应链和"本土需求支撑本土企业自主创新"机制，作为破解美国及其紧密盟国针对中国的科技创新和高端产业的全面遏制和封锁策略的主要手段。而针对欧盟正在实施的局部性"脱钩"行为策略，中国可以凭借对等贸易的原则逐步深化和强化与欧盟经济体的贸易合作关系，特别是要利用欧盟内部不同国家基于自身利益最大化目的而产生的差异性贸易诉求，稳定中国与欧盟经贸关系的基本盘。另一方面，针对新兴市场国家与中国之间的经贸关系在总体层面呈现的是互补大于竞争的既定格局，全面强化与新兴国家之间的自由贸易一体化体系，尽快深入构建各类人员、科技创新资源、旅游文化资源、国家价值观领域的双边自由流动体系，最终构建与其他新兴国家之间"产品—人员—科技—文化—价值观"五位一体式的新型合作关系。而针对众多发展中国家与中国之间的经贸关系，总体层面表现出的是中国作为经贸网络关系核心节点的特定格局，加快推动与全球各区域板块发展中国家之间的自由贸易一体化体系，是中国强化自身在全球制造业分工和贸易网络体系的基础性节点功能的重要战略布局。

第三，有效利用中国当前和未来的"买方力量"对全球制造业分工和贸易体系演化态势的决定性作用，逐步提升中国在塑造和推动全球制造业分工和贸易体系之中的重要作用，尽力促进以平衡式发展为基础的全球经济治理模式的加快形成。美国之所以能够具备影响全球制造业分工和贸易体系演化态势的决定性力量，不仅仅是依附在全球领先的科技创新能力或美元的世界货币层面，而是牢牢基于美国作为全球最大的发达经济体所拥有的全球最大规模内需市场及其背后蕴含的全球独一无二的"买方力量"优势。这给中国带来的启发是，随着中国GDP规模的持续翻番式增长和人均收入的持续提升，中国必然很快就会超越美国成为全球最大规模的需求市场，这才是中国能否影响全球制造业分工和贸易体系演化态势的最为核心的战略力量，如何利用好中国的这个独特"买方力量"战略性博弈优势，应该是中国当前深入推进对外开放战略的最为基础性的问题。为此，我们有如下建议。一方面，从中国高质量发展的角度来看，应该将培育和壮大全球规模最大的中国中等收入群体以及创造中国特色的"橄榄形"国民收入结构，设定为推进中国式现代化的核心任务之一，也是检验中国式现代化成效的核心成果。其不仅是在一定程度上决定中国式现代化的成败，更是在相当程度上决定了新的对外开放形势下能否推进中国式现代化战略目标的实现。因此，在今后相当长一段时期内，中国高质量发展的落脚点必须牢牢立足中等收入群体的持续扩张以及构建以共同富裕为导向的国民收入结构，尽快培育和强化中国作为全球最大需求市场规模的核心战略竞争优势。另一方面，主动创造深刻体现中国智慧的战略层面的"巧"格局，主动利用自身即将超越美国甚至成为两倍于美国的全球最大消费需求市场的独特优势，作为对冲美国等核心联盟国家针对中国的全局性脱钩行为策略，作为瓦解欧盟针对中国的局部性脱钩行为策略,作为加深中国与其他新兴国家和发展中国家的全球制造业分工和贸易体系联系的核心手段策略,从而有效利用中国深度参与的区域性制造业分工和贸易体系,倒逼发达国家掌控的试图排斥中国利益的全球制造业分工和贸易体系战略意图的瓦解和重构。

第四,全面构建以中国国内产业循环体系为基础的自主可控的创新链产业链供应链人才链资金链融合体系,在此基础上,提升国际循环质量和水平,将之作为中国应对全球制造业分工和贸易体系不确定性和战略风险的核心战略举措。针对中国当前所面临的愈加错综复杂的国外经贸形势,中国的核心战略是不能被美欧等发达国家针对中国的全局性或局部性脱钩行为策略所迷惑或诱导,而是秉持巨大的战略定力和博弈持久力,采取"退两步,进一步"的具体举措来加以应对。换言之,就是当前中国的最优博弈策略,不是采取直接对抗式的针锋相对手段来应对美欧等发达国家针对中国实施的全局性或局部性脱钩行为策略,而是通过推动高水平科技自立自强战略和强化"卡脖子"关键核心技术创新自主突破能力,主动利用这个战略机遇期培育和发展自主可控的全球产业链供应链体系的新型综合优势,为下一轮的全球自由贸易体系的爆发奠定新竞争优势。为此,我们建议,一是将构建中国特色的"国家战略科技力量+重点产业的关键核心技术创新自主能力+全球领先优势的本土跨国企业"三位一体式的国家创新格局,作为支撑中国建设"制造强国"的战略性条件;二是将打造中国特色的"基础研究+应用基础研究+应用开发研究+中间试验研究+工程化产业化研究"贯通式的自主创新体系,作为支撑中国建设"制造强国"的基础性条件;三是将布局中国特色的"关键设备+关键零配件元器件+关键材料+关键工艺"一体化式的产业链供应链体系,作为支撑中国建设"制造强国"的操作性条件。

# 参考文献

Ahir, Hites, Nicholas Bloom, and Davide Furceri, "World Uncertainty Index", National Bureau of Economic Research, February 2022.

Bartik, Alexander W., et al., "The Impact of COVID–19 on Small Business Outcomes and Expectations", *Proceedings of the National Academy of Sciences of the United States of America*, Vol. 117, No. 30, 2020, pp. 17656–17666.

Erica Xuewei Jian, et al., "Monetary Tightening and U. S. Bank Fragility in 2023: Mark-to-Market Losses and Uninsured Deposit", National Bureau of Economic Research, Working Paper, No. 31048, 2023.

白重恩、张琼:《中国生产率估计及其波动分解》,《世界经济》2015年第12期。

蔡昉:《中国经济增长如何转向全要素生产率驱动型》,《中国社会科学》2013年第1期。

国际货币基金组织：《世界经济展望报告》(World Economic Outlook)，2023年4月。

黄群慧、黄阳华、贺俊、江飞涛：《面向中上等收入阶段的中国工业化战略研究》，《中国社会科学》2017年第12期。

联合国：《2023年世界经济形势与展望》，2023年5月。

刘伟、陈彦斌：《"两个一百年"奋斗目标之间的经济发展：任务、挑战与应对方略》，《中国社会科学》2021年第3期。

刘伟、张立元：《经济发展潜能与人力资本质量》，《管理世界》2020年第1期。

刘晓光、龚斌磊：《面向高质量发展的新增长分析框架、TFP测度与驱动因素》，《经济学（季刊）》2022年第2期。

刘晓光、苟琴、姜天予：《金融结构、经济波动与经济增长——基于最优产业配置框架的分析》，《管理世界》2019年第5期。

刘晓光、刘元春、王健：《杠杆率、经济增长与衰退》，《中国社会科学》2018年第6期。

刘晓光、刘元春：《杠杆率、短债长用与企业表现》，《经济研究》2019年第7期。

刘晓光、刘元春：《延迟退休对我国劳动力供给和经济增长的影响估算》，《中国人民大学学报》2017年第5期。

刘晓光、卢锋：《中国资本回报率上升之谜》，《经济学（季刊）》2014年第3期。

刘元春、刘晓光、邹静娴：《世界经济结构与秩序进入裂变期的中国战略选择》，《经济理论与经济管理》2020年第1期。

刘元春：《读懂双循环新发展格局》，中信出版社2021年版。

盛来运、李拓、毛盛勇等：《中国全要素生产率测算与经济增长前景预测》，《统计与信息论坛》2018年第12期。

世界银行：《全球经济展望》（*Global Economic Prospects*），2023年6月。

尹恒、李世刚：《资源配置效率改善的空间有多大？——基于中国制造业的结构估计》，《管理世界》2019年第12期。

中国经济增长前沿课题组：《中国经济长期增长路径、效率与潜在增长水平》，《经济研究》2012年第11期。